体能训练测评
方法与应用

Evaluating of Strength
and Conditioning

◎ 王保臣　著

天津社会科学院出版社

图书在版编目（ＣＩＰ）数据

体能训练测评方法与应用 / 王保臣著. -- 天津：
天津社会科学院出版社，2021.1
  ISBN 978-7-5563-0713-5

  Ⅰ．①体… Ⅱ．①王… Ⅲ．①体能－身体训练－研究
Ⅳ．①G808.14

中国版本图书馆 CIP 数据核字(2020)第 260579 号

体能训练测评方法与应用

TINENG XUNLIAN CEPING FANGFA YU YINGYONG

出版发行：天津社会科学院出版社
地　　址：天津市南开区迎水道 7 号
邮　　编：300191
电话/传真：（022）23360165（总编室）
　　　　　（022）23075303（发行科）
网　　址：www.tass-tj.org.cn
印　　刷：北京建宏印刷有限公司

开　　本：787×1092　毫米　　　1/16
印　　张：15.25
字　　数：210 千字
版　　次：2021 年 1 月第 1 版　　2021 年 1 月第 1 次印刷
定　　价：69.00 元

前 言

体能测试的发生较为随机,没有一个方案适用于所有受试者,评估的标准也并非一成不变,最佳的测评体系是结合项目制胜规律和运动员特点来制定,这就需要在实践过程中对测试方案不断地修正与完善。同时这些方案不仅需要我们牢记和重复,更重要的是学会理解和应用。本书通过构建不同维度的测试方案与评价体系,引导读者在实践中准确应用,从而客观评定受试者的体能状态,给出合理化的训练建议,以期带来身体机能和运动表现的稳步提升。本书是为资深的教练员、运动员和科研人员而设计的,同样适用于体育专业的学生和想要从事体能测评诊断的读者。

这本书收集了作者在教学与训练中大量的实践经验,总结了来自奥运会冠军、世锦赛冠军、全国冠军以及纪录保持者等超过 500 名高水平运动员的测试设计与数据分析。

这本书内容全面,根据测试评估的不同维度介绍了近百种测评方案与解决办法,分为基础测试篇和实践应用篇,由七个部分组成。第一部分讲人体测量,主要包括量度、长度和身体成分等基础测评方法。第二部分阐述动作模式筛查,主要基于生物力学原理探讨身体姿态与功能链的评估。第三部分的主题是平衡与稳定。第四部分讲述的速度与灵敏测试,融入了不同项目间的测试方案与评价标准。第五部分的主要内容是力量与功率测评,分为最大力量篇和功率输出篇。心肺功能测试方案与评价办法在第六章中体现。第七部分讨论了柔韧与灵活测试方案。

在体能诊断与评估的实训教学中,测试的设计往往会过度依赖于仪器设备,导致体能教练没有器材就不会测试和评估。然而,并不是所有科研院所和运动队都有完备的测试器材与测试环境,随队教练员想对运动员进行阶段性

的体能评估,却常因没有器材而不能做出明确的状态诊断。本书所倡导的是,测试器材对于我们来说只是实现对运动员阶段性测评诊断的工具,但不能受制于它,要结合实际需求,找到可以替代的方法。在每个章节的"应用篇"中,有许多实践应用的成功案例,相信各位读者总能找到属于你的答案。

过去的 8 年,在体能测评诊断与运动表现提升领域,我们收货了许多宝贵的经验,特别感谢天津体育学院鲍春雨教授、孟庆华教授、黄力平教授、肖翔老师和王峥老师,在本书编写的过程中向前辈、同道不断学习、深受启发,没有他们,就没有这本书的问世。感谢来自天津体育学院体能训练专业优秀研究生曹家兴、刘辉、李光耀、段世新、李昌运、孟庆宇、孙玉琪、郑功鹰、孙嘉伟、张国锋和闫凯,是他们资料整理与照片拍摄,让测试看起来更加简单。感谢天津社会科学院出版社韩鹏老师,他对体育领域的关注,增加了我对体育科学继续探索的信心。

最后,在编写本书的过程中尽管对相关测试设计和内容阐述反复斟酌,但由于专业水平有限,行文中可能存在表述不当的地方,还望读者给予指正和谅解。

和而不同,兼容并包。中国体能测评虽道阻且长,但我愿心怀侠客之情,与中国体能人一起,身体力行,笃行不怠,努力建立属于我们自己的体能测评标准。

目　录

第一章 绪 论

在竞技运动水平越来越高、竞争越来越激烈的今天,科学化的评估与诊断检测与评定运动员的体能状况,显得尤为重要。体能测评主要是应用专项化的评定方法,运动员的动作模式、身体形态、运动素质和运动机能四个维度对其进行诊断与定量评定,以提高训练的科学性和有效性。因此,国内外体育科研工作者和教练员十分重视运用体能测评指标准确、及时地了解运动员的身体机能状况,合理分配与调整训练负荷,评价训练方案或单次训练课的有效性,减少运动损伤,最大限度地提高运动表现,预测未来的运动能力。

体能训练的科研人员和专业健身人士专注于优化、身体素质和提高运动表现,测试与评估是达到该目标的重要手段。同时体能训练的科研人员和专业健身人士还可根据测评报告来更清楚地了解目标人群的状态,将测评报告作为与全民健康管理、运动员选材、人才发展和标准化培训相关的决策性的关键内容。

将汽车送至维修中心时,技术人员会根据车主提出的问题进行一系列的诊断测试,以便找出汽车存在的问题并提出修理建议。同样,有科学化健身训练计划需求的人群会寻找专业的测评人员,以在实现其个人目标的同时提供反馈和指导。在进行总体健康评估并确定受试者的目标和需求之后,下一步就是进行基线评估;"我们要做什么?"回答这一问题的过程就是寻求制定合理训练计划的过程。对受试者来说,持续的评估有助于帮助我们检验当前训练是否有效,以便对训练计划做出相应调整,尽可能高的提升训练效率,力求达到事半功倍的效果。

通常评估的结果被用来描述运动员特点,以确定运动员的专项或场上位置,了解特定体育活动中可能很重要的特定技能,预测出运动员的潜力,还可用来预防损伤或确定肌肉不平衡。下面将详细地阐述体能测评在不同领域中

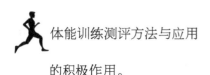

的积极作用。

一、体能测评的重要意义

科学训练,评估先行。在运动时,人体内的一系列生理指标的变化是机体承受运动负荷的客观反映。如果训练强度过小,运动能力的提升不会很明显;如果训练负荷过大,不仅不能提高运动能力,反而会损害身体健康。因此在训练过程中,合理地运用体育科学、实验技术和测评方法来检测与评定运动员的体能状态,成为科学化训练重要的先行环节,对科学选材、医疗保障运动负荷调控、运动疲劳判定、预防运动损伤、提高运动表现、挖掘运动潜力,有十分重要的意义。

(一)运动员选材的科学依据

运动员选材是运动训练科学化的首要环节,遗传学的研究证实,身体机能水平、代谢能力的高低,既受生长发育过程中营养差、疾病、运动训练等后天因素的影响,也受先天遗传因素的制约。例如,人体的有氧代谢能力和无氧代谢能力在很大程度上是由遗传决定的。在人才识别过程中,测评的主要作用在于通过特定的测试方法评估未参与某项体育活动的个人,以探究其运动潜力。在确定了运动员并对其介绍这项运动之后,针对该运动的其他评估程序将在发展和竞争环境中发挥重要作用。对于那些通过此过程确定出的体能特别优秀又没有继续进行原本计划的体育活动的运动员,他们可以选择转到另一项体育活动。这些概念直接适用于青年发展。教练和科研人员可以使用在特定时间间隔收集的纵向数据来做出可能对运动员产生长期影响的决策。因此,应根据运动项目的特点,根据身体功能、身体形态相应指标进行运动员选材,然后通过专门的训练,使其先天能力得到充分的发挥,进而达到较高的竞技水平。

(二)客观评定受试者的身体机能状态

在运动训练中,运动员的身体机能状况对科学安排训练负荷来说至关重要。由于机体在运动时的生理活动和代谢过程均会发生相应的变化,通过分别对人体在安静时、运动时和恢复期各脏器及血液、尿液、汗液、唾液中的某些化学成分进行测定和比较,可为机能评定提供客观依据。例如,可根据心率、血乳酸等指标的变化评定运动强度,通过血糖、尿蛋白等指标的变化评定身体疲劳情况。评估疲劳的方法包括对各测量方法的常规评估与数据的前后对比,包括但不限于对力量、爆发力(如跳跃高度或距离)或运动速度(如杆速)的感知。例如,在运动前进行的一个简单的垂直跳跃测试测得受试者的跳跃高度低于通常水平,这可能表明需要降低当天的训练强度或修改训练计划。

(三)科学监控运动负荷的重要环节

运动负荷是指运动员在训练中所承受或完成的身体负荷量,是运动训练中最为重要的环节之一。不同的运动负荷可对运动员产生不同的影响,而相同的运动负荷对不同的运动员产生的影响也不同,这些不同的影响可以通过一系列测试指标反映出来。只有在运动负荷量和强度足够大、机体处于能够承受的最大应激状态时,才能有效地提高运动员的运动能力。科学地控制和调整运动负荷,不仅能避免运动损伤和过度疲劳的发生,还能有效地提高训练效果。因此,运用体能测试指标来观察运动员对运动负荷的反应,评价训练方案的有效性,科学地合理分配和调整运动负荷,不仅能避免运动损伤和过度疲劳,还能有效地提高训练效果。

(四)运动员职业生涯发展的模型化建设

测试与评估贯穿运动员在整个发育至成熟过程的不同阶段,将各个运动员与特定年龄的规范性数据进行比较,可以潜在地确定其各种身体能力的发展模式。青少年运动员发展的主要特点是发育时间与速度具有很大的个体差异,身体素质的峰值区间会发生重大变化。随机选择的两名 11~14 岁的青少年运动员可能以相似的方式表现出生理和生理学上的差异。这些区别对于教练员根据运动员的需求来管理训练和评估过程以及最大限度地减少体育运动的损伤至关重要。特别是一些成长中的运动员可能会经历青春期的尴尬,可能需要在专注于提高力量和速度之前重新练习一些基本的运动技能或运动模式。

(五)预测运动能力的理论依据

运动成绩是运动员能力的主要体现,除了与技术、心理等因素有关外,更与运动员的体能水平有密切的关系。运用某些体能测评指标来预测运动成绩,已被逐渐应用于体育科学研究和运动训练中。例如,根据运动员的最大摄氧量(VO_{2max})来预测其中长跑的运动成绩,根据基于速度的力量训练(VBT)来预测运动员最大力量发展区间,根据反应力量指数(RSI)来预测纵跳高度和弹速,根据两级负荷运动后的血乳酸值和跑速来预测400米赛跑的运动成绩等。

二、体能测评的组成

运动科学领域广泛开展确定特定的身体属性和表现潜力之间关系的研究,值得注意的是,大多情况下,体能测试与评估实际上是基于两个特定结果高度相关的判断,而不是一个特定的结果导致另一个结果的产生,即通过测定有氧能力来预测耐力表现,或者通过测定最大输出功率来预测爆发力的水平。例如,优秀的青年足球运动员身体脂肪比例较低,有氧运动能力较强,在敏捷性和速度评估方面比其他运动员得分更高。许多有经验的教练总结了他们自己的训练逻辑,通过些方法来识别那些他们认为有能力成功的人。在这种情况下,评估数据可以发挥关键的补充作用,以加强或核查定性评估的事实。

训练计划的制定首先要对目标人群的特定需求进行系统分析。需求分析主要包括确定受试者的生活方式、运动需求、损伤历史、当前运动受限因素、个人训练经验以及当前健身水平和各项运动技能。如果没有这些数据来提供基础值和跟踪评估,训练师或体能教练就无法设计并有效执行科学化的训练指导计划。由评估与测试所采集的数据可以客观地反映目标人群结构性和功能性状态上的优势与劣势,正确地完成这一步骤可以帮助运动专家为目标人

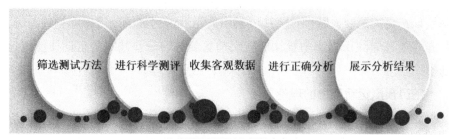

筛选测试方法　　进行科学测评　　收集客观数据　　进行正确分析　　展示分析结果

体能训练的测试与评估内容

群提供最有效和最适宜的干预方案。

体能训练的测试与评估主要包括如下几个方面:筛选测试方法、进行科学测评、收集客观数据、进行正确分析、展示分析结果。

(一)测试方案的选择与实施

一个初步的评估包括通过一些额外的测试来明确受试者是否做好了运动的准备,这要求在测试方案的选择初期,要对受试者进行一些生理指标的评估,仔细衡量每位受试者的潜在运动风险,主要涉及心血管疾病的筛查,对关节、身体活动度和整体性的评价。无论是训练有素的运动员还是锻炼初期的爱好者,在开展计划训练前的初步评估是需求分析中至关重要的一步。在训练方案开始前,通过这些测试来确定锻炼中潜在的健康风险是十分必要的。虽然这些确定健康风险的测试和简单测量、监控基础健康情况的测试有一定区别,但是,我们必须完成这些测试来保证健身方案设计的有效性和受试者的人身安全。

完成健康风险评估后,接下来就要测试受试者当前的健康水平。对于私人健身教练而言,这一过程相对简单,主要包括对受试者的健康史、当前健康风险以及锻炼或健身目标的全面评价。而对于体能教练来说,这一步不仅需要测试与评估运动员当前的训练状态,还要明确运动员通过一定努力后所期望达到的目标。

为了高效率地完成测试,体能训练相关科研人员要保证所选择测试的有效性,即测试指标能反映出受试者的专项能力。在最大力量测试前应该测量受试者生成力的能力,而肌肉耐力测试前要对受试者重复做功的能力进行有效评估。在众多现有经过验证的健康和体能测试指标中,有一些测试仅仅适用于某一特定人群,并不能推广到所有人群,因此为受试者谨慎地选择最合适有效的测试方法至关重要。

测评方法的效度、信度和可行性是选择测试方案时重要的考虑因素。测试不仅要测量所要评价的客观指标,更应该具有可重复操作性。具有较高信度的测试方法所得到的结果的错误率会相对较低。对受试者开展体能测评时,要保证测试条件彼此之间的一致性,控制好测试条件(测试背景、测试人员、测试时间、测试仪器、实验条件)非常重要,这关系到测试结果的正确性、

可重复性和可比性。

尽管许多测试在临床或实验室条件下具有较高的信度和效度,但是有些测试在实际工作中并不可行。经费、时间、场地、测试人员的水平等因素都决定着一项测试的实用性。不过某一个健康或体能指标往往有很多可以选择的测试方法,专业人员在有限的条件下可以考虑一些更为实用的替代方法。

(二)数据分析和统计分析

测试方案的实施与数据采集只代表测试与评价过程的开始,测试结束后,应该尽快进行数据分析与讨论。很多体能专家比较擅长测量和储存数据,但是他们往往不善于有效评价所采集的数据与信息,并进一步利用从数据中得出的结论来指导运动。如果没有对数据进行客观的检验与评价,运动测试的价值就不能得到最好的体现。

基线值的确定允许个性化指导,并为设定适当的培训目标提供基础,测评的结果可用于设计新的干预计划或对现有计划进行修改。例如,一名运动员可能跟随注重肌肉围度或力量的教练训练一段时间后又要跟随一个注重速度的新教练训练,这就需要通过初步评估来确定具体的训练重点,从而在训练计划中找到合适的时间,逐渐引入基于力量与速度或爆发力与有氧能力的训练模块,这种训练形式可作为专业运动员在休赛期训练的一种选择。

科研人员可以通过对数据的评价来检验训练计划的整体有效性。具体来讲,如每个月测试收集的健身者力量数据可以用于检测长期训练过程中力量的变化情况,并为评价力量训练计划的整体有效性提供客观的依据。如果力量增长小于预期水平,那么运动专家就可能在随后的训练周期中对计划做出调整,从而加强健身者的运动适应能力。私人健身教练可以利用这些测试数据来证明和展示受试者运动能力的提高情况,并帮助他们了解锻炼方案为他们带来的健康上的改变。另外,物理治疗师可以参考这些测试数据来确定康复进展的时间表。合理使用这些测试数据可以帮助运动专家达到和维持较高水平的业务能力。

(三)测试数据的标准化

因场地测试操作简单、易于得到结果,已经被广泛应用到运动科学和提高运动表现的领域中,但大量的因素会影响这种测试结果的有效性,除了受试者的性别、年龄、体能水平和运动等级之外,体型大小也是其中一个重要的影响因素,它可以影响多项运动素质测试结果(如力量测试、纵跳高度和短跑速度)。因此对受试者进行运动能力评估时,要对受试者的身体质量进行标准化校正,特别是一些同年龄组受试者参照标准进行比较时。

对于肌肉力量评定而言,数据标准化方法是将力量除以体重,来反映相对肌肉力量。在研究力量对爆发性运动能力的贡献度时,相对肌肉力量要比绝对肌肉力量数据更有信度。值得注意的是,这种方法是在力量和身体质量呈线性关系这一前提条件下进行的,然而一些研究结果已经表明,力量和身体质量的关系不一定呈线性,而是呈曲线关系。因此针对不同项目,测评专家采用了其他力量标准化方法,如在举重中运用维尔克斯公式(Wilks Formula),或者在奥林匹克式举重中运用辛克莱公式(Sinclair Formula)。这些方法提供了力量相对于身体质量的一系列指数。这些公式可以将那些体型较大或体型较小的运动员的体型对力量的影响最小化,给运动员提供一个相对公平的竞争环境。

(四)测试数据的跟踪

测试数据的长期跟踪可以系统记录并分析受试者的运动能力,并为健身专家及运动员提供有价值的反馈。在长期跟踪调查中,比较运动能力的变化时,必须考虑如下因素:一个是学习效应,这种效应产生于受试者逐渐熟悉测试的时候。通常在采集数据前要进行几次预测试,让受试者熟悉测试流程。例如,用1RM强度的卧推来跟踪受试者的上肢力量,指导人员需要对受试者讲解正确的卧推技术并在练习时提供反馈,确保受试者卧推技术的正确性。此外,需要让受试者试推几次,确保他已经熟悉测试流程,并具备完成测试的能力。一旦受试者熟悉了这个过程,那么接下来的正式测试及其结果就可以作为一个基础数据以供与将来的数据进行比较。另一个影响跟踪评价结果的因素是生长因素,在儿童、青少年中尤为关键。他们处在快速的生长发育期,各种生理因素都会改变其运动能力。在评价运动能力时应该重视这些因素,特别是很长一段时间的连续跟踪评价。

(五)测试的 TPAD 周期

根据测评结果制定训练计划并实施,在实施过程中持续改进,强调通过

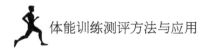

科学方法进行质量反馈的过程称为 TPAD(Target–Plan–Assessment–Decision)周期。

此周期的"Target"意为确定测试并根据测试目标进行项目的选择,"Plan"意为测试方案的执行,"Assessment"意为评估检测,"Decision"是对测评结果的汇总分析与干预决策。计划部分需要进行初步的战略分析和目标设定程序,该周期中的"Assessment"部分代表基于科学化测评环境下收集定量数据的形成性反馈(即汇总或监视可用信息),通过适当的评估为最后的决策过程提供了信息。这种具有定性(观察)和定量(数据)组成的周期性评估模型可适用于个人项目和集体项目。

在集体项目的力量和体能对比中,我们需要评价不同位置、不同特点和不同体重的运动员的力量素质。

笔者在"中国大学生篮球联赛(CUBA)某赛区基础体能测试体系构建"中的研究方法可供广大读者进行参考:第一步,对获取的基础体能测试指标数据资料,运用主成分分析法进行指标筛选,得到反映大学生篮球运动员基础体能测试指标的二级指标及其代表性指标(三级指标),并结合一级指标构建评价体系。第二步,根据各主成分贡献率获得二级和三级指标的权重,并结合一级指标权重 (依据专家问卷调查表中一级指标的得分, 采用平均数法获得),获得各级评价指标的权重。第三步,采用 AHP 方根计算法判断矩阵特征向量,对所选指标分析后以此作为评价因素的相对权重,确定其基础体能测试体系评价要素的权重分配,得出隶属度判断级别实施评价。依据场上不同位置(中锋组、前锋组和后卫组)进行测试成绩的排名。

表 1　中国大学生篮球联赛(CUBA)某赛区基础体能测试权重分布(N=236)

素质	系数	项目	系数	内容	系数
力量	0.609	下肢力量	0.133	1RM 颈后深蹲	0.076
				1RM 颈前深蹲	0.057
		躯干力量	0.123	1RM 直腿硬拉	0.068
				1RM 屈腿硬拉	0.055
		上肢力量	0.118	1RM 平板卧推	0.118
		核心耐力	0.129	一分钟仰卧腹部绕杆	0.129
		传导力量	0.057	负重蹲起推	0.057
		高度跳跃	0.049	原地单次跳跃腾空高度	0.023
				原地单次跳跃腾空时间	0.012
				助跑摸高	0.014
速度	0.118	直线速度	0.118	10 米运球跑	0.052
				30 米运球跑	0.066
耐力	0.099	心肺功能	0.099	28 米×10 运球折返跑	0.074
				1000 米跑	0.025
灵敏	0.107	灵敏变向	0.107	双摇跳绳	0.044
				三角形运球跑	0.063
柔韧	0.067	柔韧灵活	0.067	坐姿体前屈	0.067

三、测试数据的诊断评价

总体态势诊断,可采用帕累托截集法,以指标量值累加到 80% 作为截集标准来判断运动员体能优势指标和劣势指标,构成此 80% 的各指标被界定为优势指标,其余为劣势指标。

个体态势诊断,常采用雷达分析法,在帕雷托分析界定出运动员整体体能态势的基础上,实现对运动员体能态势的个体化分析。

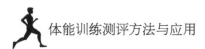

差距诊断(冠军模型挑战),"体能目标挑战模型",是指构成运动员体能的有效指标的运动员整体最优值的集合体。它可以用来作为一种规划和制订运动员体能训练策略的方法。该模型反映了在一定时间内,对运动员体能发展的最高期望。通过指标差异系数(运动员在体能结构中每项指标与目标模型的差距大小)的建立来完成运动员体能训练策略规划的目的。

四、测试方案的选择

选择恰当的测试方案对于测试结果的信度和效度来讲至关重要。实验研究人员在选择测试项目时,要考虑如下因素:

(一)健康需求

对运动员进行常见伤病、损伤部位、运动风险、动作模式等不同方面的健康筛查,查验不同受试者伤病、体格检查及伤病评估和伤病病情报告和风险因素报告,结合制胜规律与不同位置特点,从体能康复角度出发选择专项化测试方案。

(二)供能需求

在实际的运动中,不同项目间的基本供能系统和专业运动员的身体形态等生理特征都会影响其在运动中的表现,因此,在对测试项目进行筛选时,要充分考虑到测试应符合该项目的生理学要求。由于大多数运动项目都需要运动员具备综合的能力(如速度、力量、持续供能),因此科研人员需要选择一套完善的测试方法来评估不同身体能力。在性别与年龄方面,女性在完成引体向上测试项目时会有难度,1RM最大力量测试并不适合青春期前的儿童。

(三)力学需求

选择测试项目时要充分考虑到目标动作模式的专项性。例如,一个适合帆船运动员的专项力量测试不一定适合田径运动员。通过改变测试中的某些环节可以使测试更符合专项特点。例如,帆船激光级运动员在进行伊利诺伊灵敏测试时,可以要求加入过杆的重心转移,这就能与在船上转向和换舷技术相结合。测试细节的改变目的在于使我们能够了解我们所期望获得的指标数值,考虑测试的效度,在数据的分析中要建立属于本专项的评价模型体系。

(四)训练需求

由于测试对象的运动水平差异,新手运动员技术较差或体能不足,因此那些体能或技能要求高的测试项目不适合他们,使用这些测试项目会限制他们的测试表现。根据训练需求,可将测试方案划分为基础体能测试需求和专项体能测试需求。基础体能测试指一般身体能力测试,主要进行速度、力量、耐力、灵敏、平衡、柔韧等运动素质的测试,评估受试者基础体能储备和从事高水平运动的能力;专项体能测试指在充分了解专项体能特征结构的前提下,根据项目特点设计的个性化体能测试方法,涵盖动作模式、本体感觉、身体功能、运动机能、心理干预五个维度的测评体系。

五、测试方法的信度和效度

秒表、尺子和标志物的充分使用,使得速度与闭式灵敏测试变得更加简便,可操作性较强。同时,将 SmartSpeed、Fitlight 等电子计时设备引入速度和灵敏测试中,可以提升测试的效率,增加测评数据的客观性,从而提高测试结果的准确性。开放式的灵敏测试增加了测试环境和测试条件不可预测性。同时,将点位布置、测试环境、加速距离和变向次数等测试过程标准化,才会保证测试的信度。

六、测试的时间与顺序

经过周日一天停训调休后,周一早晨生理生化检测指标均在正常范围之内,但运动员会出现全身乏力、神经兴奋程度不高和很难进入训练状态等情况,而在周一下午又恢复正常,完成训练的效果较差,这种情况在长期坚持系统科学训练的优秀运动员身上较为常见,常常发生在体能类项目中,因此,不要将体能测试安排在周一上午,减少这种"短期停训综合征"对测试指标的影响。

研究发现,力量的表现会受到一天中不同测试时段的影响,在等长收缩和等动收缩的测试中,较大的峰值力矩出现在傍晚的测试中。

七、测试结果的影响因素

(一)主观因素

1.专项的运动模式

包括生物力学和运动学测试分析。例如棒球投手投球动作的加速度测试与三维动态捕捉后的运动学分析,通过对测试数据的整理与分析,可得出最佳出手角度与挥臂速度,进而改变投球的动作模式,增加球速,提高场上表现。

2.运动时的身体姿态

特定运动时的身体位置对肌肉力量的产生有较大影响。手球运动的测试要以站姿进行,而水上项目多为坐姿测试。

3.关节活动度与力量生成的范围

肌肉的力量和力矩会随着关节位置改变而发生变化。在下肢启动力量的测试中,受神经肌肉一体化的影响,准备姿势时髋关节、膝关节屈曲角度不同,跳跃高度和腾空时间也就不同,找出功率最大输出时对应的关节角度,同专项特点相结合,可以为技术动作的完善提供支持。

4.肌肉的收缩形式

指在运动中肌肉进行向心收缩、离心收缩或等长收缩等不同的收缩形式。在进行等速肌力主动肌与拮抗肌峰值力矩对比测试时,目标肌群收缩形式的选择尤为关键。

5.受试者的身体情况

受试者不要空腹进行测试,充分考虑到补水和营养指导者,要在测试前应该给予受试者在补水和饮食方面的建议。

(二)客观因素

1.运动的复杂程度

包括关节孤立运动与关节联动。帆船项目的力量功率测试不但要人为排除自然气候的影响,还需要极其专业的辅助仪器,所测得数据才能更好地贴合专项。

2.测试过程的管理

为了保证测试结果的可信度，要对测试人员进行统一标准的测前培训，确保测试顺利进行，同时要确保受试者获得充分休息(5~20分钟)与恢复(距上次训练课不少于24小时)的时间。

3.测试的环境

环境条件也会影响测试结果，特别是进行室外测试时，天气(温度、湿度、降水)会影响测试结果。

4.测试的时间与顺序

在实际的测试中，测试人员需要考虑在一天中的哪个时间段进行测试比较合适，并尽量保证测试时间的一致性。建议采取如下顺序进行：

非疲劳性测试(人体测量)

灵敏性测试(R–L–D灵敏差异性测试)

最大力量和爆发力功率测试(峰值力矩)

加速度测试(短跑)

肌肉耐力测试(背肌等长收缩)

疲劳性无氧测试(上肢无氧功)

有氧能力测试(最大摄氧量)

八、体能测试的注意事项

(一)保证测试条件的相对统一

在对不同受试者开展体能测评时，测试条件的控制是首要因素，这关系到测试结果的准确性、可重复性和可对比性。在进行心肺功能等气体代谢指标测试时，要选择标准化的测试方案，校准气体分析仪，并注意控制测试环境、测试时间、测试仪器、受试者生理指标及实验条件的统一。

(二)测试指标选取要全面且有针对性

单一指标的评定有一定的局限性，有针对性地选取测试指标，对不同受试者进行多维度的综合评定尤为关键。通过多项力量功率的测试与综合分析，能够较为客观、全面地评估运动员神经—肌肉系统的状态，对训练计划的

科学化制定、训练方案的系统实施、避免过度疲劳和预防运动损伤的发生都具有重要的意义。要根据测评的目的、专项体能特点、受试者的运动水平和测试的主客观条件,对测试指标进行综合选取。选取的各测试指标应紧密结合,简单实用,相互补充,针对性强。同时,要注意精简测试指标,选取精确度、便于重复测试且具有数字化反馈速度的无创或微创的测试指标。

(三)受试者个体差异与所从事项目的体能特点

由于年龄、性别、基因、种族、健康状况、训练水平、训练方法和周期负荷等不同因素的影响,在对应激的适应过程中,不同受试者存在着明显的个体差异。相同的练习方式对不同运动员产生的训练效果迁移和疲劳程度积累均有所不同。此外,根据项目制胜规律和专项体能特征的差异,不同的训练干预方式对运动员的体能指标的影响也有所差异。

九、体能测评的医务监督

运动测试是体能训练的测试与评估最为常用的手段,运动测试是通过规定的运动方式,测试人体在定量负荷或极量负荷时的各项指标,以评价受试者的运动能力。无论多大负荷的运动,都有可能存在风险,因此必须做好医务监督,防止伤害发生。

(一)运动前后筛查问卷

科学规律的体育活动有益于健康水平的提升,在进行运动之前,填写相关的筛查问卷是安全运动的首要保证。该问卷将确定受试者在进行更多的体育活动之前,是否有必要向医生或专业人士寻求进一步的建议。

如果以上所有问题的答案都是"否",就可以参加体育活动。请在参加者声明上签名。身体活动–慢慢开始,循序渐进,遵循适合年龄阶段的国际体育活动。

表2 运动前筛查问卷示意表

一般健康问题		
请仔细阅读下面的7个问题,并如实回答选择是或否	是	否
1. 医生有没有说过你有心脏病或高血压		
2. 在休息时、日常生活中或进行体育活动时,是否感到胸痛?		
3.过去12个月是否因头晕而失去平衡或失去意识?		
4.是否曾被诊断患有其他慢性疾病(心脏病或高血压除外)?请在此列出。		
5. 您目前是否患有慢性疾病或正在服用处方药?请在此列出疾病和药物。		
6.您目前(或在过去12个月内)是否有骨骼、关节或软组织肌肉、韧带或肌腱的问题?如果你过去有过问题,请回答"有"。		
7. 医生是否曾说过您应该只做有医学监督的体育活动?		

(二)体能测试的终止

为加强运动测试中的医务监督,防范测试风险,减少运动事故的发生,美国运动医学学会在其出版的《ACSM 运动测试与运动处方指南》一书中规定了运动测试中必须立即停止测试的指征(或禁忌证),下面所列的两个版本内容可以提供参考。

表3 终止运动测试的指征表

绝对指征	相对指征
①随着运动负荷的增加,收缩压下降≥10mmHg 或收缩压值下降到低于同一姿势测试前的值并伴有其他缺血证据的存在	①随着运动负荷的增加,收缩压下降≥10mmHg 或收缩压值下降到低于同一姿势测试前的值
② 中等程度的心绞痛(三级心绞痛)	②ST 段或 QRS 改变,如 ST 过度压低(超过基线 2mm 或 ST 段下斜)或明显的心电轴偏移
③神经系统症状增加(如共济失调、头晕眼花或接近晕厥	③排除持续性室性心动过速外的心律失常,如多病灶室性期前收缩,室性三联律,室上性心动过速,心脏传导阻滞或心动徐缓
④灌注不良征(黄萎病或苍白)	④疲劳、呼吸困难、哮喘、腿抽筋或跛行

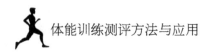

绝对指征	相对指征
⑤监测心电图或收缩压有技术困难	⑤不能与室性心动过速区别开来的束支传导阻滞或室内传导阻滞
⑥受试者要求停止	⑥胸痛加重
⑦在没有诊断 Q 波存在的导联（除了 VI 或 aVR) 中 ST 段抬高(加号 1.0mm)	⑦高血压反应

表 4　限制极量运动测试的禁忌证

绝对禁忌证	相对禁忌证
①急性心肌梗死(2 天之内)	①明确的阻塞性左冠状动脉主干狭窄
②持续不稳定心绞痛	②中到重度主动脉瓣狭窄伴不确定的症状
③不协调性心律失常伴血流动力学障碍	③室性心动过速的快速性心律失常
④活动性心内膜炎	④获得性晚期或完全性心脏传导阻滞
⑤有症状的严重主动脉瓣狭窄	⑤近期卒中或短暂性脑缺血发作
⑥失代偿性心力衰竭	⑥配合能力有限的精神障碍
⑦急性肺栓塞、肺梗死或深静脉血栓形成	⑦静息高血压收缩压 >200mmHg, 或舒张压 ≥110mmHg
⑧急性心肌炎或心包炎	⑧未改善的医疗事件,如严重贫血、重要电解质失衡和甲状腺功能亢进症
⑨急性主动脉夹层	
⑩身体残疾,妨碍安全和充分的测试	

(三)知情同意书

体能测试开始前获取受试者的知情同意书具有重要的伦理意义和法律意义。测试前需要充分了解受试者的健康状况。虽然知情同意书的内容和形式可能各有不同,但都必须包含足够的信息,确保受试者知晓并理解所开展测试或运动项目的目的和伴随的风险。对知情同意书应给予语言上的解释，并说明受试者可以对运动过程提出问题。在知情同意书的相应位置应注明受试者的特殊问题和应承担的相关责任。需要注意的是，知情同意书中必须指出受试者可以随时退出测试。如果受试者是未成年人，须由其父母或监护人签署知情同意书。同时，应尽可能保护受试者隐私情况(如个人信息、病史、测试结果)。下面提供了一个运动测试知情同意书模板。

表 5   运动测试知情同意书模板

实验名称:膝关节等速肌力测试   测试时间:_____

1.测试目的和说明   你将在等速肌力测试仪上进行关于膝关节向心收缩屈伸肌力测试,我们将根据你的疲劳体征、心率、心电图、肌电图变化及可能出现的症状及时终止测试。当你感到疲劳或感到其他不适时,可以要求停止测试。
2.可能出现的不适   测试过程中可能会出现某些情况,包括心率过快、血压异常、头晕、心率过慢、心律不齐,以及心脏病、脑卒中和死亡等罕见情况,我们会通过在测试前对健康和体能相关信息的评价和测试中的仔细观察,最大限度地降低风险。测试现场有相应的急救设备和接受过训练并通过专业认证的急救人员,以保证及时处理突发情况。
3. 受试者的责任   受试者应知道身体用力时自己的健康状况和曾经历过的心脏相关症状（如低强度的体力活动引起的呼吸困难,胸部、颈部、下颌、后背、手臂等处的疼痛、压榨感、沉重感)可能影响你在测试中的安全性。应及时报告在努力完成运动测试的过程中出现的症状和其他异常感觉。你有义务提供全部病史和在测试中可能出现的情况。此外,你还要提供所有的药物治疗记录(包括非处方药),尤其是最近和当天服用的药物。
4.预期获得的益处   该测试结果可能有助于你比较双侧膝关节峰值力矩的大小,并通过屈伸肌肉群的最大力矩比值来判断膝关节的稳定程度,为测试者进行膝关节的力量训练做出指导。
5.咨询   你可以提出任何有关测试步骤和结果的问题。如果你有顾虑或问题,请咨询我们,你会得到进一步的解释。
6.测试信息的用途   我们会尽最大努力保护在运动测试中获得的受试者的信息和隐私（如个人信息、病史、测试结果）。没有受试者的书面同意,我们不会将任何测试信息透露给除医生、科研人员、检测人员以外的任何人。在保护个人隐私的前提下,可以将测试中所获得的信息用于统计分析和科学研究。
7.自愿参加   我同意参加运动测试,我明确我的运动能力和心血管健康状况。我承诺参加这个运动测试是自愿的,如果我要求停止,测试可随时终止。
我已阅读这份知情同意书,清楚测试程序和可能出现的风险和不适,我有随时提问的机会,直至获得满意的答案,我愿意参加这项测试。 日期: 受试者签名:

第二章　人体测量

身体形态测量是定量化研究人体外部特征的重要方法。身体形态的测量用于对人体的生长发育规律、体质水平、营养状况的研究并为运动员选材提供依据,为评价运动能力、身体素质、身体机能、运动技术等提供信息。身体形态的测量主要包含如下四个方面:

一、体格测量

对人体整体及多个部位的长度、围度、宽度及量度进行测量。

二、体型测量

体型是对人体某个阶段形态结构及组成成分变化的定量描述,体型测量是对人的体态进行分型。

三、身体成分测量

主要通过对体脂百分比、脂肪分布、瘦体重等指标的测量来描述人体脂肪、骨骼和肌肉相对比例的指标。

四、身体姿势测量

包括静态和动态测量,反映身体各部位在空间上的相对位置和合理性。

在身体形态的测量中,主要通过骨性标志、皮肤标志、肌性标志和关节标志来确定人体的测量点:

骨性标志:以骨结节、骨隆凸和骨骺的边缘为测量点。

皮肤标志:以皮肤的皱褶进和特殊结构为测量点。如腹部的褶皱标志、皮下脂肪的测量等。

肌性标志:以肌肉在人的体表形成较明显的隆起或凹陷为测量点。如小腿三头肌,当站立提踵时,可在小腿处明显看到块状隆起。

关节标志:以关节活动时的明显标志为测量点。

需要注意的是,在实施测量时,要使用精密标准的测试仪器,按照规定的

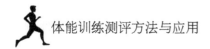

测试方法和身体姿势进行标准化测量。多名受试者同时测试时,尽量保证只有一名测试人员进行测量操作。

体格测量是指测量人体整体及各不同部位的长度、宽度、围度、量度。通过对测量结果进行评判和赋予价值,可研究人体外部形态结构和生长发育水平等内容。

一、身体形态测量

(一)量度测量

1.体重

体重是描述人体横向发育的指标,能够反映人体骨骼、肌肉、皮下脂肪和内脏器官综合发育状况。体重通常以公斤(kg)和磅(lb)为单位表述。

2.瘦体重

瘦体重指所有非脂肪组织的质量,如骨骼、肌肉和碳水化合物等。

3.体脂重

体脂重指身体脂肪组织的重量。体脂重=体重–瘦体重。

(二)长度测量

1.身高

身高是人体直立时头顶点至身高计底板之间的垂直距离。身高反映人体骨骼的状况,是身体纵向发育水平的重要指标。

2.坐高

取坐位姿势,头顶点至座板平面之间的垂直距离即为坐高,坐高反映躯干的长度。

3.指距

指距是两上肢向左右做水平伸展时两侧指尖点之间的直线距离,反应臂展长度。

4.上肢长

手臂自然下垂时,肩峰点至指尖点之间的直线距离为上肢长。

5.手长

腕横纹中点至指尖点之间的直线距离为手长。

6.下肢长

股骨大转子点至地面的垂直距离为下肢长,其反映下肢总长度。

7.小腿长

大小腿屈曲 90°时,胫骨点至内踝点之间的垂直距离为小腿长。

8.臀纹线高

臀纹线点至地面的垂直距离为臀纹线高,其反应臀部位置的高低。

9.跟腱长

小腿腓肠肌内侧头肌腹下缘至跟点之间的垂直距离为跟腱长。

10.足长

跟点至趾尖点之间的直线距离为足长。

(三)宽度测量

1.肩宽

左右肩峰点之间的直线距离为肩宽,其反映躯干上端的横径。

2.骨盆宽

左右髂嵴点之间的直线距离为骨盆宽,其反映躯干下端的横径。

(四)围度测量

在测量时图 1 腹围测试示意图, 测量尺应是可弯曲而无弹性的带状尺图 2 小腿围测试示意图。尺子应该置于皮肤表面,不能压迫皮下脂肪组织。同一部位应进行两次测量,若两次测量结果相差 5mm 以上要再次测量,再次测量时要等该处皮肤恢复正常状态。这提示我们,一定要保证测量时所选取的体表标志和测量方法绝对一致,才能得到相对准确的结果。

表1　标准化围度测量部位与方法

测量位置	测量方法
上肢	直立位,两臂自然下垂于身体两侧,掌心朝向大腿,在肩峰与尺骨鹰嘴连线中点处水平测量
上臂紧张围	屈肘握拳,肱二头肌用力收缩,隆起部位最高点的周长
上臂放松围	手臂自然下垂,上臂部最粗处的周长
前臂围	直立位,两臂自然下垂稍,掌心向前,垂直于纵轴线测,量围度最大处
胸围	胸的围度,将带尺上缘经背部肩胛下角下缘至胸前围绕一周的围长
腹围	直立位、放松,在髂嵴上方水平测量
腰围	受试者直立,双臂垂于两侧,两脚并拢,腹部放松,水平测量躯干最细处(肚脐以上剑突以下)
臀围	直立位,两脚并拢,水平测量臀部隆起最明显处
大腿围	受试者站立,两腿稍分开,水平测量臀部靠近大腿围度最大处,在臀横纹下
小腿围	受试者直立,与纵轴线垂直,水平测量膝与踝之间围度最大处
踝围	胫骨内踝上方小腿最细处的水平围长

图1　腰围测试示意图

图2　小腿围测试示意图

二、身体成分测量

体格评价分为绝对评价和相对评价。

(一)体格评价

1.绝对评价

使用原始测量数据进行的评价,适用于对同一项目运动员的评价。

2.相对评价

把原始测量数据转换为指数来进行的评价，可以在不同年龄、性别、地区、种族的个体或群体之间进行评价,适用于集体项目中,对场上不同位置运动员特征的评价。

3.体格评价指标

体格评价指标分为两类,分别是体格指数和充实度指数。

表 2　体格指数举例

体格指数	描述
体重/身高×100	反映人体纵向和横向发育比例的指标。指数越大,越矮胖;指数越小,越瘦长
上肢长/身高×100	反映上肢长与身高的比例。指数越大,上肢越长。上肢长有利于运动
指距/身高×100	反映指距与身高的比例。数值越大,手臂越长、臂展越大。指距与身高的比例是篮球、排球等项目选材的重要指标
前臂长/上肢长×100	反映前臂与上肢长度的比例。指数越大,前臂越长。前臂较长有利于运动
臀纹线高/髂嵴高×100	反映臀部紧密程度。指数小,臀部上翘,髋关节灵活,利于屈髋。这一指数是爆发力主导项目运动员选材的主要指标

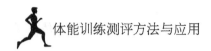

表3　部分充实度指数举例

名称	计算公式	描述
克托莱指数	体重(kg)/身高(cm)×1000	表示1cm身高的体重数,代表人体的充实程度。克托莱指数又称为肥胖指数
劳雷尔指数	体重(kg)/身高(cm)³×10^7	表示每立方厘米身体的重量,主要反映肌肉、骨骼、内脏器官及组织的发育状况,可用于判断人体的充实程度和营养状况
维尔威克指数	[体重(g)+胸围(cm)]/身高(cm)×100	反映人体长度、围度、厚度之间的关系,常用来说明人体的充实程度和发育程度
身体质量指数	体重(kg)/身高(m)²	反应体重与身高之间的关系,是目前国际公认的判断人体肥胖程度的简易方法

(二)身体质量指数

身体质量指数(Body Mass Index,简称BMI),也称为体重指数,主要反映体重与身高之间的关系,世界卫生组织一直将它作为判别人体胖瘦程度的一项重要指标。计算公式为:BMI=体重(kg)/身高(m)²。

如,某男性体重为70kg,身高为1.80m,其身体质量指数就是21.60,即$70/1.80^2=21.60$。

计算出的指数根据世界卫生组织提供的评价标准我们可以简单地对自身的胖瘦程度及健康情况进行判断。

中国肥胖问题工作组(WGOC)根据中国人的特点制定的标准:BMI<18.5为"体重过轻",18.5≤BMI<24.0为"体重正常",24.0≤BMI<28.0为"超重"、BMI≥28.0为肥胖。

腰臀比=腰围/臀围,是反映腹型肥胖的指标。在腰臀比的研究中,被测者腰围尺寸大,表明脂肪存在于腹部,是危险较大的信号;而一个人臀围大,可能代表了其下身肌肉相对发达。当男性腰臀比>0.9,女性腰臀比>0.8,可被认为中心性肥胖。

表 4 亚洲人、中国人、欧美人 BMI 评价标准的对照

BMI 分类	WHO 标准	亚洲标准	中国参考标准	现象对于正常体重指数及腰围的疾病风险 *	
				男性≤102cm	男性>102cm
				女性≤88cm	女性>88cm
偏瘦	<18.5	<18.5	<18.5	–	–
正常	18.5~24.9	18.5~22.9	18.5~23.9	–	–
超重	25.0~29.9	23~24.9	24~26.9	增加	高
肥胖分级					
Ⅰ	30.0~34.9	25~29.9	27~29.9	高	非常高
Ⅱ	35.0~39.9	≥30	≥30	非常高	极高
Ⅲ	≥40.0			极高	极高

* 表示患 2 型糖尿病、高血压和心血管疾病的风险;"–"表示处于这种 BMI 水平时无附加风险。体重正常者腰围增加也是风险增加的标志。

需要注意的是,在抗阻训练的人群中,BMI 并不是衡量身体成分的有效工具。如高水平摔跤、柔道等重竞技的运动员,由于专项竞技特征需要,体重较大,脂肪含量高,因此 BMI 指数普遍偏高,但并不能仅依靠该指数判定他们是否属于肥胖或超重,还应综合其他因素进行多维度的判断。

表 5 我国专业运动员 BMI 得分一览表

评分	男	女
10	<18	<20
9	18.0–18.3	20.0–20.3
8	18.4–18.7	20.4–20.7
7	18.8–19.1	20.8–21.1
6	19.2–19.5	21.2–21.5
5	19.6–19.9	21.6–21.9
4	20.0–20.3	22.0–22.3
3	20.4–20.7	22.4–22.7
2	20.8–21.1	22.8–23.1
1	21.2–22.0	23.2–24.0
0	>22	>24

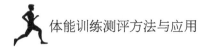
(三)皮褶厚度测量法

皮褶厚度测量法是评估体脂百分比较为实用的方法,测量人员通过专业精确的卡钳进行测量,得到确定部位相对准确的数值,通过回归分析估计总体的体脂百分比。

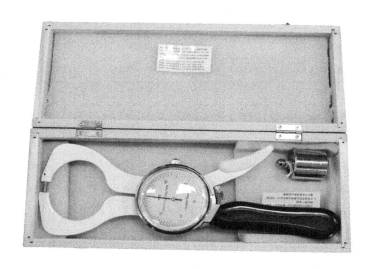

图 3 皮褶厚度测量工具——皮褶卡钳

皮脂厚的测量需要在皮肤干燥时及运动前测量,才能获得最佳的准确度与可信度。利用拇指与食指稳固地抓住皮肤,形成皮肤与皮下脂肪的皮褶。在距离拇指与食指约 1~2 厘米的地方将皮脂夹垂直于皮褶,将皮脂夹夹于皮褶之上,在经过 1~2 秒后读取刻度值,最小取至 0.5 毫米。

测量时,每一部位经过一次的测量之后,各部位再继续进行第二次的测量。若两次测试的误差值小于 10%则将两次的值平均,否则继续进行测量,直到所有的测量值中有两数值误差在 10%之内,并取此两数值的平均值,最小取至 0.5 毫米。

表6　人体主要皮褶厚度测试位置的选取

测量部位	位置选取
胸部	男性:前腋线与乳头对角连线中间部位的皮褶 女性:前腋线与乳头对角连线1/3处的皮褶
腋下	腋窝中线与胸骨剑突同高的位置取一垂直的皮褶
腹部	肚脐右侧2.5厘米处取一垂直的皮褶
肱三头肌	上手臂后侧肩胛骨肩锋与肘部鹰嘴连线中点
肩胛骨下缘	在脊椎骨边缘延伸至肩胛下缘1~2厘米处取一褶皱
髂嵴上部	腋窝中线延长线与髂嵴交汇处取一斜的褶皱测量
大腿	大腿前方于髋关节中间取一垂直的皮褶
小腿	小腿围度最大中央部位侧面取一垂直的皮脂厚

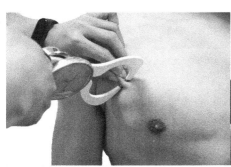

图4　男性胸部主要皮褶厚度测试示意图

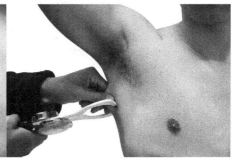

图5　男性腋下主要皮褶厚度测试示意图

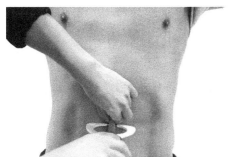

图6　男性腹部主要皮褶厚度测试示意图

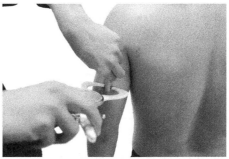

图7　男性肱三头肌主要皮褶厚度测试示意图

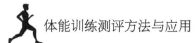
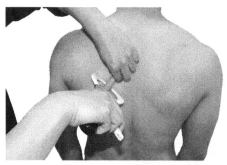
图 8 肩胛骨下缘主要皮褶厚度测试示意图

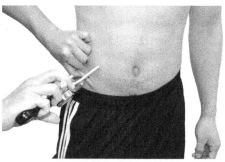
图 9 髂嵴上部主要皮褶厚度测试示意图

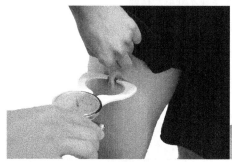
图 10 男性大腿主要皮褶厚度测试示意图

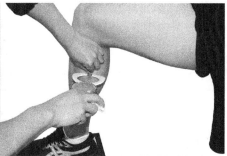
图 11 男性小腿主要皮褶厚度测试示意图

在体成分模型的应用中，比较简单的是通过皮褶厚度推算身体密度，进而计算体脂百分比可挑选测量的部位的数据和身体密度(Body Density,BD)

表 7 通过皮褶厚度计算男性身体密度示意表

七点法	胸部、腋下、肱三头肌、肩胛骨下缘、腹部、髂嵴上部、大腿
BD =1.112 –0.00043499 ×(7 处皮褶厚度之和 +0.00000055 ×(7 处皮褶厚度之和)²– 0.00028826×年龄	
三点法	胸部、腹部、大腿
BD =1.10938–0.0008267×(3 处皮褶厚度之和+0.0000016×(3 处皮褶厚度之和)²–0.0002574× 年龄	
三点法	胸部、肱三头肌、肩胛骨下缘
BD =1.1125025 –0.0013125 ×(3 处皮褶厚度之和+0.0000055 +(3 处皮褶厚度之和)²– 0.000244×年龄	

表8　通过皮褶厚度计算女性身体密度示意表

七点法	胸部、腋下、肱三头肌、肩胛骨下缘、腹部、髂嵴上部、大腿
BD=1.097−0.00046971×(7处皮褶厚度之和2+0.00000056×(7处皮褶厚度之和)²−0.00012828×年龄	
三点法	肱三头肌、髂嵴上部、腹部
BD=1.089733−0.0009245×(3处皮褶厚度之和+0.0000025×(3处皮褶厚度之和)²−0.0000979×年龄	
三点法	肱三头肌、髂嵴上部、大腿
BD=1.099421−0.0009929×(3处皮裙厚度之和)+0.0000023×(3处皮褶厚度之和)²−0.0001392×年龄	

　　将所得的身体密度代入适合的计算公式中，能够得出身体脂肪百分比。各国学者们通过大量的统计和计算,建立了通过人体各部分的皮褶厚度推算身体密度的回归方程,通过身体密度进而推算人们的体脂百分比,比较常用的是Siri 或 Brozek 的回归方程。

　　Siri 回归方程:体脂百分比=(495/BD−450)×100(BD 为身体密度)

　　Brozek 回归方程:体脂百分比=(4.570/BD−4.412)×100(BD 为身体密度)

(四)生物电抗阻分析法

　　生物电抗阻分析法利用非脂肪组织比脂肪组织拥有更高的电容量这一点,通过身体脂肪和非脂肪组织的差别来估算体成分。生物电阻技术的准确性取决于对人体阻抗的控制,所以被测试者一定要控制体内水分含量的波动,测试前4小时内禁止进食或饮水,在测试前48小时内戒酒,评估前不能服用利尿剂和含咖啡因的饮料等。如果受试者是女性,且处于月经周期的某个阶段,感觉自己可能存在水肿,那就推迟测者是女性,且处于月经周期的某个阶段,感觉自己可能

图12　通过生物电抗阻分析法估算体成分示意图

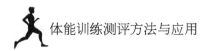

存在水肿,那就推迟测试,避免导致误差增加。

不同品牌的测试仪器的算法和电阻模型也是测试的误差因素之一,因此多次测试数据对比时,要保证受试者着装和测试设备的统一。

表9　　各项运动体脂肪百分比的描述性材料

	运动员体脂肪百分比	运动项目
极瘦		
男	<7%	体操健美(比赛时) 摔跤(比赛时)
女	<15%	马拉松/越野跑选手
非常瘦		
男	8-10%	男篮前锋 帆船 足球
女	16-18%	十项全能 七项全能 男篮中锋
低于平均		
男	11-13%	男子棒球 高山滑雪
女	19-20%	短道速滑 奥林匹克举重
平均		
男	14-17%	女子篮球 曲棍球 赛马
女	21-25%	网球 铁饼 女子垒球
高于平均		
男	18-22%	美式橄榄球
女	26-30%	铅球

(五)双能 X 线吸收分析法

双能 X 线吸收分析法(DXA)除可以准确测量受试者体脂百分比、脂肪含量等数据外,还可以测量受试者全身或指定部位的骨密度、肌肉含量和内脏脂肪厚度。

测试名称:应用双能骨密度进行全身扫描和体成分分析。

仪器设备:双能 X 线扫描仪。

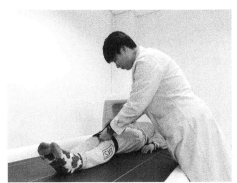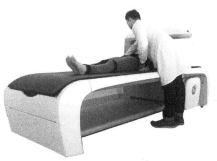

图 13-14　通过应用双能骨密度进行全身扫描和体成分分析

"全身扫描"时,受试者平卧于检查床中央并在白色线以内,头顶距离检查床头侧标志线 3 厘米;双手及双臂放在身体两侧并保持在床垫边线以内,拇指朝上,手掌朝向足侧,工作人员需使用两条尼龙扣带固定受试者膝关节及踝关节。

在扫描过程中,被检者保持不动。点击"ROI"等工具可对扫描图像、区域进行调节,以保证扫描数据精准。

蓝色栏显示某部位的骨密度值随年龄增加的变化趋势。它会因性别和测量部位的不同,随年龄增加呈现不同的变化趋势。

骨密度检测报告的解读:

绝经后女性(包括围绝经期)和 50 岁以上男性的 BMD 报告原则:使用 T 值,T≤-2.5,骨质疏松;-2.5<T<-1.0,骨量减少;T≥-1.0,正常骨密度。

绝经前女性和 50 岁以下的男性 BMD 报告原则:使用 Z 值,尤其是儿童。Z≤-2.0,骨密度低于同龄人;Z>-2.0 骨密度在同龄人范围内。

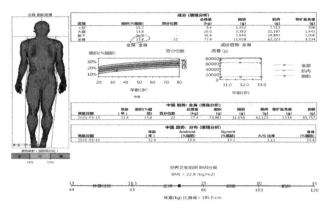

图 15　骨密度检查结果

　　左侧的纵坐标是该受检者全身的脂肪百分比；右侧纵坐标是百分位,它表示在所有测量数据中,7%的人的脂肪含量小于该受试者测量值,93%的人的脂肪含量大于该受试者的测量值。

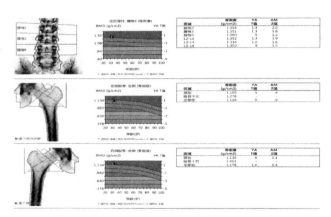

图 16　体成分分析结果

三、应用篇

运动员的身体形态特征对竞技能力的影响极其重要,尤其是要求运动员具有优美的形体,动作过程中表现出敏捷性与灵动感的运动。

在技能主导类运动的相关研究中, 花样游泳运动员的选材时要考虑,身高在 170cm 以上者最佳,身体各部分比例均匀,粗细得当,而且运动员的上肢要长、手掌要大,肩较宽,上肢较长,骨盆较窄。这一方面有利于加快游进的速度,另一方面,可增加动作的幅度和美感。

对参加第 30 届伦敦奥运会单项决赛的 24 名女子跳水运动员为研究对象,对优秀女子跳水运动员前三名和四至十二名运动员年龄、身体形态以及决赛时竞技表现能力进行比较分析发现,平均身高、体重、克托莱指数均无显著性差异,BMI 值分别为 19.85 和 21.05, 都处于 18~25 之间, 且前三名 BMI 值小于四至十二名,都在正常范围之内,属于正常体重;劳雷尔指数分别为 122.69、131.52,两者具有显著性差异($P<0.05$)。如果人体瘦弱,在力量素质方面难以达到较高水平,对克服自身重量来完成各种复杂和高难度的动作极其困难。

武术运动员在专项表现中需要悬顶、项直、沉肩、挺胸、立腰、敛臀,这要求武术运动员在选材或训练时体型匀称,修长苗条,消瘦精干,骨盆较窄,体重偏轻。

竞技体操等竞技运动项目的各种动作必须在规则限定的条件下完成(如空中以及各种特定器械上),运动员既要适应运动的特定环境,又要在这种特殊环境条件下克服自身体重运动自如,才可以达到较高的运动水平。肩部力量强,臀部小,下身轻,相对力量大,动作轻巧灵活,是优秀体操运动员的特点。特别是对男子鞍马、女子高低杠的动作更是如此。与普通人相比,男、女体操运动员身材都偏小,肩宽臀窄,躯干呈倒三角形,与同龄青少年比处于中下或矮小水平。

在对运动员进行身体测量的实际操作中, 围度测量法属于无创测试,测试时间短,方法便捷,易于操作。但是,围度变化与脂肪含量相关性不强,测量

结果信度较低。身体质量指数的测量方法较为简单,易于评价,但未考虑到肌肉横截面积等因素以及长时间从事力量训练或专业训练等因素,运动员的测试信度较低。双能 X 线吸收分析法虽然测试时间短,数据精确,可进行综合化或局部的测试,但设备成本昂贵,测试过程有辐射,测评报告需要医师评估,降低了测试的效率。相比之下,生物电抗阻分析的测试操作便捷,测试时间短,测量设备造价不高且便于携带,对测量技巧要求不高,但需要排除运动水平、脱水状态等较多的干扰因素,操作过程的细微偏差可引起测量结果较大的误差。

以皮褶厚度测量为基础,综合体重、围度等因素确定身体成分的测量方法,效率高,成本低,较为有效实用,且回归方程较多,信度较高。无论是在个人项目还是集体项目中,都是一个比较好的测量方法。

第三章　动作模式

动作模式是人体为适应内外部刺激,通过必要的输入、充分的处理与合理的输出,达到多系统相互配合执行动作程序的过程,是有效完成某一动作的具体方法。在体育运动中,动作模式训练的关键点在于使运动员掌握完成动作时肌肉—神经控制的一体化。

在遵循人体生长发育模型和动作发展规律,以符合人体功能解剖结构为前提,从推拉、旋转、位移和重心变化为基础的人体四大运动支柱出发,将人体的基本动作模式分为十一类,分别是:推 (push/press)、拉 (pull)、鞭打 (whiplash)、俯身 (bend over)、旋转 (twist/rotate)、滚动 (roll)、爬行 (climb/crawl)、蹲(squat)、弓箭步(lunge)、步态(gait)、跳(jump)。

本章以关节联动理论(Joint by Joint)为基础,通过对不同动作模式的测试,评估受试者身体灵活性和稳定性在动态控制中的功能优化,发现运动中的薄弱环节,探究损伤的真正原因。科研人员和教练员可根据评估结果,合理安排训练内容,优化神经系统与运动系统,达到形成—纠正—优化—发展—稳定的动作模式,在预防伤病的同时,实现提高运动表现的目标。

表 1　动作模式测试项目及测试目标

测试项目	测试目标
功能动作质量筛查	通过 7 项常规测试和 4 项排除性测试,检测受试者整体的动作控制稳定性、灵活性、身体对称性和本体感觉等能力,筛查疼痛、动作模式障碍和不对称等情况
选择性功能筛查	通过 10 个测试动作,发现动作模式与受试者身体结构信息及医学诊断结果之间的关系,对动作模式进行分类,明确哪些疼痛部位需要做进一步检查,并最终确定治疗手法与康复训练干预方式的选择

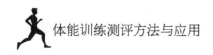
续表

测试项目	测试目标
上肢功能链评估	测试肩胛骨稳定性、肩部关节灵活性、胸椎旋转与核心区域控制,评估上肢对称力量、本体感觉和全范围活动的能力
下肢功能链评估	对人体执行相关动作时下肢所需要同时具备的核心稳定性、关节灵活性、神经肌肉控制、动作活动幅度、平衡和本体感觉等综合能力进行精确量化测试
身体姿态与运动控制评估	观察受试者完成 6 个测试动作的优先策略,找出肌肉激活时序和动作代偿引起的不良动作模式,提供有效的干预解决方案

一、功能动作质量筛查

功能性动作筛查测试(Functional Movement Screen,简称 FMS)是由 Gary Cook 等根据功能动作训练所设计的一种功能动作测试与评价方法,其应用于理疗康复和体能训练等领域,用来对受试者整体的动作控制稳定性、灵活性、身体对称性和本体感觉等能力的筛查体系,创始人 Gary Cook 和 Lee Burton 强调:功能动作质量筛查不是诊断工具,所以不能简单地通过动作完成的情况得知受试者问题的所在,它只是为了筛查疼痛、动作模式障碍和不对称三种情况。

错误的动作模式会引起关节力量与本体感觉改变,关节退化与身体姿态改变,身体出现疼痛或炎症,造成肌肉失衡,导致代偿动作与身体姿态发生变化,进而加剧动作模式的错误,如此循环往复会造成结构的病变和功能的局限。

学习和掌握运用功能动作质量筛查测试套件的使用方法,规范测试流程,对损伤风险与功能性、对称性进行评估。

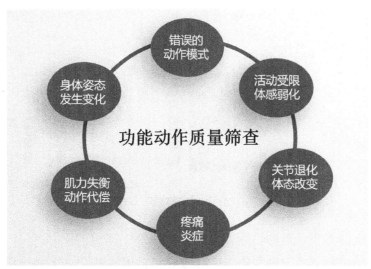

功能动作质量筛查的原理

依照疼痛引起身体运动的代偿,功能性运动模式总值的局限性和左右不对称导致改变生物力学运动模式的原则,通过可靠的七个步骤观察和三个排除性测试,依照评分标准打分,对基本动作模式、动作局限与动作代偿进行分级和排序,进而提供纠正性训练建议,减少和排除运动员运动损伤的潜在风险。

功能动作质量筛查总共有 7 项常规测试和 4 项排除性测试,每一项的分数为 0~3 分,总分为 21 分。7 项常规测试为肩部灵活性、直腿主动高抬、躯干稳定俯卧撑、旋转稳定性、直线弓箭步、跨栏架步、过头深蹲,4 项排除性测试为踝关节灵活性测试、肩部碰撞测试、俯卧推起测试和跪姿下腰伸展测试。2020 年 2 月,功能动作质量筛查通过官网更新了检测的部分内容,在测试流程中的"直线弓箭步"之后加入"踝关节灵活性测试","旋转稳定性测试"动作有了新的变化,对这些测试在测试步骤、口头提示/说明和评分标准方面加以更新。

测试仪器

FMS 套件、摄像机。

图 1　功能动作质量筛查套件　　　　图 2　功能动作质量筛查现场

测试步骤

1.受试者进行简单的热身活动。

2.依照主试人员口令和动作示范,受试者做出相应的动作,每个测试动作重复 3 次,工作人员评分并记录。

3.测试动作及要求详见后文。

4.测试结束后,受试者放松 2~3 分钟。

测试结果

1.测试前工作人员只需简单介绍测试动作,不必将评分细节告知受试者。

2.受试者每个动作完成 3 次,取最好一次动作进行评分。

3.功能动作质量筛查测试评分分为四个等级(从 0 分到 3 分),3 分为最高分,具体细则如下:

　　3 分——受试者能高质量地完成整个动作。

　　2 分——受试者能够完成整个动作, 但完成质量不高, 有代偿情况出现。

　　1 分——受试者无法完成整个动作或无法保持起始状态。

　　0 分——在测试过程中有部位出现疼痛。

4.左右双侧评分的动作,取得分较低的一侧得分为该项目的最终得分。

5.对于肩部灵活性、旋转稳定性和躯干稳定俯卧撑三个动作,测试完毕后须进行排除性测试,如有疼痛,则该动作记为 0 分。

6. 当最终得分小于或等于 13 时, 应建议受试者进行物理治疗或医学检查。

7.对结果进行评价给出得分,设计解决方案。

功能动作质量筛查各动作的测试目的、测试说明、测试口令与要点如下:

(一)肩部灵活性(Shoulder Mobility)

1.测试目的

肩部灵活性动作可以检测肩关节区域、胸椎、胸廓在上肢相对的肩部运动中是否能保持自然对称的运动,观察颈椎及胸椎是否有代偿动作,排查肩关节存在的疼痛症。

2.测试说明

测量受试者腕褶痕远端与最长手指尖端的长度,即受试者的手长。

受试者双脚并拢站立,双手握拳,拇指在四指内。然后让受试者一拳伸到后颈处,同时另一拳伸到后背处,一边肩膀尽可能地向外张、收拢,另一边肩膀尽可能地向内扭转、收拢。测试期间,手必须握拳,动作连贯。测量受试者两手相距最近两点之间的距离,此距离即反映受试者肩关节灵活度的大小。受试者左右手互换姿势,最多有三次机会完成肩部灵活性测试。

图3 测量受试者手长示意图

在排除受试者代偿的情况下,双拳距离小于一个手掌,得 3 分。双拳距离小于一个半手掌,得 2 分。双拳距离超过一个半手掌,得 1 分。疼痛记为 0 分。

3.测试口令

"完成以下动作的过程中,如果感到疼痛请告诉我。"

"双脚并拢站直,两臂自然下垂。"

"双手握拳,四指包住大拇指。"

"将右拳举过头顶,然后沿着背部尽可能地压低,同时将左拳沿着背后部尽可能地往上提,动作要连贯,一气呵成。"

"双手一次到位后不得再移动以靠得更近。"

4.肩部灵活性测试评分标准

表 2　肩部灵活性测试评分标准表

测试动作	得分	评分标准	图示
肩部灵活性	3	双拳距离不超过一个手长	
	2	双拳距离不超过一个半手长	
肩部灵活性	1	双拳距离超过一个半手长	

注:与测试相关部位出现疼痛则受试者评分为 0 分,疼痛区域应当由专业医疗人士进行全面评估。

(二)排除性测试一:肩部碰撞测试(Impingement Test)

1.测试说明

肩部灵活性测试中含有一个排除性测试。该测试不计入评分,仅用于观察肩部疼痛症状。如果受试者感觉到疼痛,则在评分单上记录为阳性(+),并将整个肩部灵活性测试的评分计为 0 分。受试者两侧均要进行肩部碰撞测试。

2.测试要点

受试者双脚并拢站直,双臂自然下垂;右手手掌放在左肩前部;保持手掌位置不动,将右肘尽可能向上抬起,观察受试者是否存在疼痛;换至对侧进行测试。

图 4-7　肩部碰撞测试示意图

(三)直腿主动高抬(Active Straight Leg Raise)

1.测试目的

主动直腿上抬测试需充分发挥多关节肌肉的灵活性,不仅可以评估仰卧时下肢分离能力测试主动屈髋的灵活性,还可以核心的初始和持续稳定性以及对侧髋关节的伸展性。

臀大肌-髂胫束-腘绳肌复合体紧张,引起髂腰肌等骨盆前侧肌肉群屈曲受限。该动作模式考验下肢在保持盆骨和核心稳定时的分离能力,还考验腘绳肌腱和腓肠-比目鱼肌在保持骨盆稳定、对侧腿伸展状况下的灵活性。

2.测试说明

受试者仰卧,两臂侧放,手掌朝上,头部平放于地面。双膝下放置测试板。髋

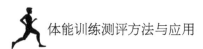

关节呈中立位,脚掌与地面垂直;将横杆放置在髂前上棘和膝关节中线中间,与地面垂直。接着,让受试者抬起测试一侧腿,同时保持该侧下肢的踝、膝初始姿势不变;活动腿上抬到最高位时,非活动腿保持中立位不移动。

非测试下肢保持中立位的前提下,若踝骨垂直线落在大腿中部和髂前上棘之间,得 3 分;踝骨垂直线落在大腿中部和膝关节线之间,得 2 分。踝骨垂直线落在膝关节线以下,得 1 分。疼痛记为 0 分。

3.测试口令:

"完成以下动作的过程中如果感到疼痛请告诉我。"

"平躺,双膝后部压在测试板上,脚趾朝上。"

"双臂放在身体两边,手掌朝上。"

"请保持平直,另一侧的膝盖保持与测试板接触,然后尽可能高地抬起受试腿。"

4、直腿主动高抬测试评分标准

表 6   直腿主动高抬测试评分标准表

测试动作	得分	评分标准	图示
直腿主动高抬	3	Ⅰ测试杆位于大腿中点上方 Ⅱ非活动下肢保持中立位	
	2	Ⅰ测试杆位于大腿中点与膝关节之间 Ⅱ非活动下肢保持中立位	

测试动作	得分	评分标准	图示
	1	Ⅰ测试杆位于膝关节下方 Ⅱ非活动下肢保持中立位	

注:与测试相关部位出现疼痛则受试者评分为 0 分,疼痛区域应当由专业医疗人士进行全面评估。

(四)躯干稳定俯卧撑(Trunk Stability Push Up)

1.测试目的

躯干稳定俯卧撑动作模式测试受试者在上身对称的下推闭链运动中,脊柱在同一矢状面的稳定能力,是观察反射性核心稳定的基本方法。该动作模式的目的是以上肢撑地的姿势,不借助脊柱和髋部运动完成动作,并非对上肢力量进行测评。伸展和旋转是完成该动作模式时最常见的代偿动作,这些代偿动作的出现表明:受试者完全成俯卧撑动作模式时先使用原动肌然后才使用稳定肌群。

2.测试说明

受试者俯卧,两臂伸展过头顶。男性受试者双手拇指放在上额处,女性受试者双手拇指放在下颌处。根据评分标准,将拇指下移到下颌或肩膀位置。受试者双膝完全伸展,双脚呈中立位,脚掌与地面垂直。受试者以此姿势完成一次俯卧撑。身体应当整体被推起,测试过程中脊柱不得左右摆动。若受试者不能以此姿势完成个俯卧撑,则让受试者将双手下移,换至更轻松的姿势。

男性受试者拇指与前额平齐、女性受试者拇指与下巴平齐,将身体以整体撑起,脊柱未出现弯曲,得 3 分。男性受试者拇指与下巴平齐、女性受试者完成拇指与锁骨平齐,将身体以整体撑起,脊柱未出现弯曲,得 2 分。男性受试者无法完成拇指与下巴平齐、女性受试者无法完成拇指与锁骨平齐的推起

动作,得1分。有任何一方面未达2分标准,则评为1分。疼痛记为0分。

3.测试口令

"完成以下动作的过程中如果感到疼痛请告诉我。"

"面部朝下俯卧,双臂伸过头顶,双手与肩同宽(拇指末端与肩锁关节平齐)。"

"双手下移,使拇指与额头(男性)或下颌(女性)平齐。"

"双腿并拢,勾脚尖,双膝和肘抬离地面。"

"保持躯干稳定,将身体整体推起作俯卧撑动作。"

4、躯干稳定俯卧撑评分标准

表4　躯干稳定俯卧撑评分标准表

测试动作	得分	评分标准	图示
躯干稳定俯卧撑	3	Ⅰ男性受试者完成拇指与头顶平齐姿势的一次动作 Ⅱ女性受试者完成拇指与下颌平齐姿势的一次动作 Ⅲ受试者将身体整体撑起,脊柱未弯曲	 
	2	Ⅰ男性受试者完成拇指与下颌平齐姿势的一次动作 Ⅱ女性受试者完成拇指与锁骨平齐姿势的一次动作 Ⅲ受试者将身体整体撑起,脊柱未弯曲	 

续表

测试动作	得分	评分标准	图示
	1	Ⅰ男性受试者无法完成拇指与下颌平齐姿势的一次动作 Ⅱ女性受试者无法完成拇指与锁骨平齐姿势的一次动作	

注:与测试相关部位出现疼痛则受试者评分为 0 分,疼痛区域应当由专业医疗人士进行全面评估。

(五)排除性测试二:伏地起身测试(Prone Press Up Test)

1.测试说明

观察受试者疼痛反应, 如受试者感到疼痛则记录为阳性(+),同时将整个躯干稳定俯卧撑测试评分记为 0 分, 并执行更为全面的评估或推荐受试者前往医疗机构。

2.测试要点

腹部贴地俯卧,双手置于肩膀下,手掌朝下。

身体不动,双肘挺直,使胸部远离地面,询问是否有疼痛。

图 8 伏地起身测试示意图

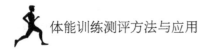

（六）旋转稳定性测试（Rotary Stability–Quadurped）

1.测试目的

旋转稳定动作模式源于我们发育顺序中排在爬行之后的匍匐动作模式。需要恰当的肌肉神经协调，要求能量通过躯干传送，通过上下肢配合动作观察受试者多层面的骨盆、核心、肩胛带稳定性。该测试能展示横向平面的反射性稳定和重心转移，体现基本攀爬动作模式中观察到的灵活性和稳定性的协调作用。要求受试者通过上下肢协同运动筛查骨盆、身体核心及肩带稳定性，评估冠状面和失状面上的躯干稳定性能力，躯干灵活性和稳定性的协调作用。

2.测试说明

受试者四肢着地，在受试者的双膝与双手之间放置测试板。脊柱与测试板平行，双侧肩、髋关节与躯干呈90°角，双脚勾脚尖，脚掌与地面垂直。

在开始运动前，双手张开，双手拇指、双膝、双脚均与测试板接触。受试者收肩，同时伸展同侧肘和膝关节，手指触摸至同侧外踝，并保持身体与板平行。允许受试者将肘关节和膝关节靠拢时脊柱弯曲。

两侧肢体均须测试，有三次机会，成功完成一次动作后无须再重复。

同侧手和膝盖同时离开地面，能够将保持躯干与测试板平行，将手指触摸至同侧外踝伸展肘部和膝盖，使身体完全伸展，得3分。同侧手和膝盖不能同时离开地面，躯干不能保持与测试板平行，并且手臂无法与大腿在直线上移动，手指可以触摸到外踝，手臂和膝盖可以完成伸展，得2分。受试者同侧手和膝盖不能同时离开地面，手指不能触摸到外踝，手臂和膝盖不能完成伸展，失去平衡，不能完成整个动作，得1分。疼痛记为0分。

3.测试口令

"完成以下动作的过程中，如果感到疼痛请告诉我。"

"双手双脚横跨测试板，双手置于双肩正下方，双膝置于髋正下方。"

"双手拇指、双膝、双脚脚趾必须与测试板侧面接触，勾脚尖。"

"同时将右手向前伸展，将右腿向后伸展，手指触摸至同侧外踝。"

"右侧肢体不要着地，将右手肘与右膝直接放在测试板上。"

"恢复至伸展姿势。"

"恢复到初始姿势。"

4、旋转稳定性评分标准

表 5 旋转稳定性评分标准表

测试动作	得分	评分标准	图示
躯干旋转稳定性	3	Ⅰ同侧手和膝盖同时离开地面 Ⅱ能够将保持躯干与测试板平行 Ⅲ将手指触摸至同侧外踝 Ⅳ伸展肘部和膝盖，使身体完全伸展，并保持躯干与测试板平行	
	2	Ⅰ同侧手和膝盖不能同时离开地面 Ⅱ躯干不能保持与测试板平行，并且无法手臂与大腿在直线上移动 Ⅲ手指可以触摸到外踝 Ⅳ手臂和膝盖可以完成伸展	
躯干旋转稳定性	1	Ⅰ失去平衡 Ⅱ同侧手和膝盖不能同时离开地面 Ⅲ手指不能触摸到外踝 Ⅳ手臂和膝盖不能完成伸展 Ⅴ不能完成整个动作	

注：与测试相关部位出现疼痛则受试者评分为 0 分，疼痛区域应当由专业医疗人士进行全面评估。

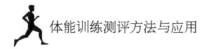

（七）排除性测试三：跪姿下腰伸展测试（Kneeling Lumbar Flexion Test）

1.测试说明

跪姿下腰伸展测试用来检查脊柱的弯曲程度。观察受试者疼痛反应，如受试者感到疼痛则记录为阳性 (+)，同时将整个旋转稳定性测试评分记为 0 分，并执行更为全面的评估或推荐受试者前往医疗机构。

2.测试要点

四肢着地，将髋部向脚跟移动。

胸部缓慢下沉，尽量贴近大腿，双手尽可能向身体前方伸展。

询问受试者是否感觉到疼痛。

图9　跪姿下腰伸展测试示意图

（八）直线弓箭步（In-Line Lunge）

1.测试目的

直线弓箭步动作构成了日常活动、体育运动中常见的减速、转向动作。直线弓步蹲脚距离狭窄，上肢与下肢处于交互模式下的平衡能力，要求受测者从一开始就有足够的稳定性，并能在髋部不对称的姿势下使髋部两侧平均受力，持续有力地控制骨盆和核心，着重模拟旋转、减速和侧向运动产生的压力刺激，为基本动作模式下的左/右功能提供快速评估。

该测试区别于传统弓步需要一个跨步动作和一个下压动作，直线弓步蹲测试仅观察下压动作和恢复动作。考验髋、膝、踝和足的灵活性和稳定性，背阔肌和股直肌等多关节肌的灵活性。

2.测试说明

测量地面至胫骨粗隆顶端中点的高度以确定受试者的胫骨长度。受试将后脚脚尖放在平板的 0 刻度上。根据胫骨长度，让受试者的前脚脚跟放在平板相应的刻度上。将长杆竖置于背后，轻触头、胸椎和骶骨。受试者与前脚不同侧的手应当在颈椎处握住长杆，另一手则在腰椎处握住长杆。受试者须降低后膝使后膝触碰到前脚脚跟后方的板，然后恢复初始姿势，才算完成直线弓步蹲。长杆在弓步测试的整个下压和恢复过程中必须保持垂直。

长杆与地面保持垂直，始终与身体接触，与双脚保持在同一矢状面上，躯干没有移动，后膝触碰前脚脚跟后方平板，得 3 分。长杆不能与地面保持垂直，不能始终与身体接触，未能与双脚保持在同一矢状面上，躯干晃动，后膝未触碰前脚脚跟后方平板，得 2 分。身体失去平衡，无法完成该动作模式，得 1 分。疼痛记为 0 分。

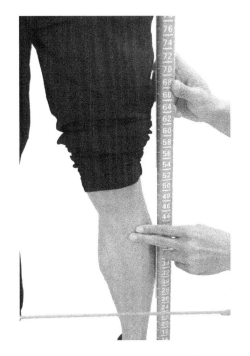

图 10　确定受试者胫骨粗隆长度

3.测试口令

"完成以下动作的过程中如果感到疼痛请告诉我。"

"右脚平踩在测试板上，脚尖与零刻度对齐。"

"左脚脚跟根据胫骨长度踩在相应刻度上。"

"双脚平放，脚尖朝前。"

"沿脊柱放置横杆，使横杆轻触脑后、背部、臀部中央。"

"握住横杆时，右手贴在后颈上，左手贴在腰后。"

"保持身体挺直，让横杆始终触碰头、上背、臀部，然后重心下沉，呈弓步姿势，右膝摆在左脚脚跟后方并接触测试板。"

"碰触后恢复到起始姿势。"

4.直线弓箭步测试评分标准

表 6　直线弓箭步测试评分标准表

测试动作	得分	评分标准	图示
直线 弓箭步	3	Ⅰ躯干没有晃动 Ⅱ横杆始终与躯干保持接触，与双脚在同一矢状面 Ⅲ横杆始终与地面垂直 Ⅳ后膝触及前脚后跟处测试板	
	2	Ⅰ躯干出现晃动 Ⅱ横杆不能与躯干保持接触，与双脚在不同一矢状面 Ⅲ横杆未与地面垂直 Ⅳ后膝未触及脚后跟处测试板	
直线 弓箭步	1	Ⅰ失去平衡 Ⅱ无法完成该动作	

注:与测试相关不同出现疼痛则受试者评分为 0 分,疼痛区域应当由专业医疗人士进行全面评估。

50

(九)排除性测试四:踝关节灵活性测试(Impingement Test)

1.测试说明

该测试用于观察踝部疼痛症状,不计入评分。如果受试者感觉到疼痛,则在评分单上记录为阳性(+),并将整个踝部灵活性测试的评分计为 0 分;受试者该测试中如果没有产生疼痛症状,则需要测试踝关节灵活性。

2.测试要点

双脚前后站直,测试脚的脚尖与非测试脚跟贴住,并与测试板贴住;双膝进行弯曲,保持上身直立;观察测试踝的膝盖的垂线与非测试踝的内踝的位置,给予评测。然后换至对侧进行测试。

3.评测标准:

测试踝的膝盖的垂线可以超过非测试踝的内踝,并且在这个过程中,测试踝的脚跟都没有离开地面,说明测试踝的背屈活动度好。记为 G。

测试踝的膝盖的垂线在非测试踝的内踝区域内,并且如果超过这个区域后,测试踝脚跟会离开地面,说明测试踝的背屈灵活度差, 需要解决踝关节活动度问题。记为 Y。

进行测试时,如测试踝的膝盖在垂线没有进入非测试踝的内踝区域,脚跟就离开地面, 说明测试踝的背屈灵活度极差,踝关节灵活度受限,需要解决踝关节活动度问题。记为 R。

图 11 踝关节灵活性测试示意图

(十)跨栏架步(Hurdle　Step)

1.测试目的

跨栏架步动作是位移动作和加速动作的基本构成元素,可检测受试者单腿站立跨步过程中是否存在补偿或不对称情况。测试时要求受试者双侧髋部具有良好的协调性和稳定性来完成不对称运动, 必须保持骨盆和核心稳定。

主要评估髋关节、膝关节和踝关节灵活性和稳定性、骨盆和核心区域的稳定性和控制力。横杆水平放于肩后,受试者双手握住横杆保持不动,对受试者的稳定性和控制力进行评价。

2.测试说明

测量地面至胫骨粗隆顶端中点的高度以确定受试者的胫骨长度,使两竖杆的弹力绳位于相同的刻度上。受试者站在栏架中心的正后方,双脚并拢站立,脚尖平齐并轻触栏架底部。将横杆水平置于肩后颈部下方。要求受试者腰背挺直跨过栏架,脚跟着地,再回到起始姿势。

髋、膝、踝在矢状面上保持平齐,腰椎保持不动,长杆和栏架保持平行,得3分。髋、膝、踝矢状面上不能保持平齐,腰椎移动,长杆和栏架未保持平行,得2分。跨步过程中脚碰到栏架,身体失去平衡,得1分。疼痛记为0分。

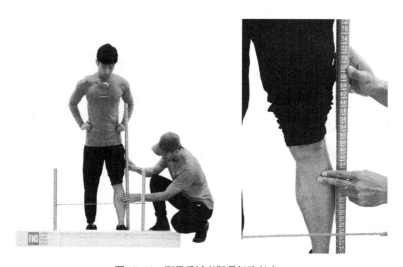

图 12-13　测量受试者胫骨粗隆长度

3.测试口令

"完成以下动作的过程中如果感到疼痛请告诉我。"

"双脚并拢站直,双脚脚尖轻触测试平板。"

"双手握住横杆,把横杆水平放在脖子后面,贴在肩上。"

"保持上身挺直,抬起右腿,跨过栏架,右脚向上抬起,保持右脚与右踝、右膝、右髋成一条直线。"

"右脚脚跟着地,然后保持右脚与右踝、右膝、右髋呈一条直线,再将右脚移回原位。"

4.跨栏架步测试评分标准

表7　跨栏架步测试评分标准表

测试动作	得分	评分标准	图示
跨栏架步	3	Ⅰ髋、膝、踝在矢状面上保持平齐 Ⅱ腰椎保持不动 Ⅲ横杆和栏架保持平行	
	2	Ⅰ髋、膝、踝在矢状面上不能保持平齐 Ⅱ腰椎移动 Ⅲ横杆和栏架未保持平行	

测试动作	得分	评分标准	图示
跨栏架步	1	Ⅰ脚碰到横杆，非支撑腿参与支撑 Ⅱ身体失去平衡	

注：与测试相关部位出现疼痛则受试者评分为 0 分,疼痛区域应当由专业医疗人士进行全面评估。

(十一)过头深蹲(Deep Squat)

1.测试目的

深蹲模式是许多功能性运动的组成部分,它充分显示了协调的四肢灵活性和核心稳定性,以及在对称姿势下髋和肩的功能。

深蹲动作模式可以非常全面地展示受试者的下肢灵活性、姿势控制能力、骨盆和核心稳定性。正确完成深蹲动作挑战了受试者发挥全身力量和对自身神经肌肉控制的能力。

深蹲可测试髋、膝、踝两侧对称的功能灵活性和稳定性。长杆举过头顶的动作可以测试肩关节、肩胛区、胸椎的灵活性和稳定性。骨盆和核心必须在整个动作过程中保持稳定和控制才能完全达到该动作模式的标准。

2.测试说明

让受试者保持双脚间距离与肩膀同宽站立。双脚保持平行对称,脚尖不得朝外。受试者将横杆置于头顶上,调整双手位置,屈肘关节与横杆成 90°。让受试者双臂伸直。指示受试者慢慢下蹲至尽可能低的姿势,保持双侧脚后跟着地,身体面向前方,抬头挺胸,横杆尽可能高地举过头顶。双膝与双脚在同一垂直面内,双膝不得外翻。

躯干与小腿平行或正直,下蹲时大腿低于水平面,双膝与双脚成一直线,横杆在双脚正上方保持水平,得 3 分。躯干与小腿平行或正直,大腿低于水平面,双膝与双脚成一直线,横杆在双脚正上方保持水平,脚跟垫高后可达到 3 分标准,得 2 分。躯干与小腿不平行,大腿不在水平面以下,双膝与双脚不能成一跳线,横杆不在双脚正上方,脚跟垫高依旧不能达到 3 分标准,得 1 分。疼痛记为 0 分。

　　3.测试口令

　　"完成以下动作的过程中如果感到疼痛请告诉我。"

　　"双脚与肩同宽,脚尖向前,挺胸站立。"

　　"双手握住横杆,放置头上,肩肘呈 90°角。"

　　"将横杆平举过头顶。"

　　"上身挺直,双膝姿势和举横杆的姿势保持不变,尽量往下蹲。蹲到最后保持一秒,然后回到原来的姿势站立。"

　　4.过头深蹲测试评分标准

表 8　过头深蹲测试评分标准表

测试动作	得分	评分标准	图示
过头深蹲	3	I 躯干与小腿平行或正直 II 下蹲时大腿低于水平面 III 双膝与双脚成一直线 IV 横杆在双脚正上方保持水平	

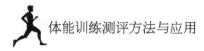

测试动作	得分	评分标准	图示
	2	I 躯干与小腿平行或正直 II 大腿低于水平面 III 双膝与双脚成一直线 IV 横杆在双脚正上方保持水平 V 脚跟垫高后可完成III	
过头深蹲	1	I 躯干与小腿不平行 II 大腿不在水平面以下 III 双膝与双脚不能成一直线 IV 横杆不在双脚正上方 V 脚跟垫高依旧不能完成III	

注:在测试过程中出现疼痛则受试者的得分为0。疼痛区域应当由专业医学人士进行全面评估和处理。

(十二)功能结果评价

表9 功能性动作筛查记录表

姓名:＿＿＿＿＿＿ 出生年月:＿＿＿＿＿＿ 测试日期:＿＿＿＿＿＿

身高:＿＿＿＿＿ 体重:＿＿＿＿＿ 年龄:＿＿＿＿ 性别:＿＿＿＿

主要活动:＿＿＿＿＿＿＿ 主要目标:＿＿＿＿＿＿＿＿＿

惯用手/腿:＿＿＿＿＿＿ 先前测试评分:＿＿＿＿＿＿＿

运动项目:＿＿＿＿＿＿ 既往病史:＿＿＿＿＿＿＿＿＿

序号	测试项目	原始评分		最终评分	评述
测试一	过头深蹲				
测试二	跨栏架步 胫骨长　　厘米	左			
		右			
测试三	直线弓箭步 胫骨长　　厘米	左			
		右			
排除性测试一	踝关节疼痛测试	左	+/-		
		右	+/-		
	踝关节灵活性测试 (R/Y/G)	左			
		右			
测试四	肩部灵活性 手掌长　　厘米	左			
		右			
排除性测试二	肩部碰撞测试	左	+/-		
		右	+/-		
测试五	直腿主动高抬	左			
		右			
测试六	躯干稳定性俯卧撑				
排除性测试三	伏地起身测试	+/-			
测试七	躯干旋转稳定性测试	左			
		右			
排除性测试四	跪姿下腰伸展测试	+/-			
总评分	七项主测试评分相加				

1.测试结果评分标准

(1)如进行左、右分开测试,则最终评分计左、右侧得分最低一项分数。

(2)对于肩部灵活性、旋转稳定性和躯干稳定俯卧撑三个动作,测试完毕后须进行排除性测试,如有疼痛,则该动作记为 0 分。

(3)当最终得分小于或等于 13,应建议受试者进行治疗或医学检查。

2.优先等级问题排序

(1)评分优先等级排序:根据下面列出的得分等级对 **FMS** 所测动作进行由低分到高分的排序。0 分是最先考虑解决的问题,独立动作或双侧动作 3 分是最后要考虑解决的问题。优先解决问题得分排序按照最急需解决的问题至最不重要的顺序自上而下进行。

①0 分(疼痛)

②得分不对称,得 1 分(如左 1 右 3 或右 1 左 3)

③得分不对称,得 1 分(如左 1 右 2 或右 1 左 2)

④独立动作,得 1 分

⑤得分对称,得 1 分(深蹲、躯干稳定性俯卧撑)

⑥得分不对称,得 2 分(左 2 右 3 或右 2 左 3)

⑦独立动作,得 2 分

⑧得分对称,得 2 分(深蹲、躯干稳定性俯卧撑)

(2)动作优先等级排序:在得分等级的基础上,运用动作等级对测试结果进行二次排序。在已有的优先等级排序基础上,按照动作难易度进行二次排序。最先关注的动作功能障碍的优先顺序如下:

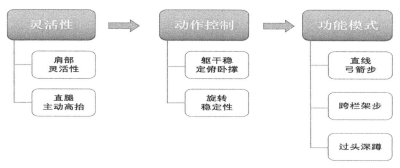

图 13　动作功能障碍优先等级排序

(3)评分及评价分析原则

① 得零分的项应当首先评估并处理

② 灵活性居首——直腿主动高抬和肩部灵活性

③ 基本动作其次—躯干旋转稳定性和躯干稳定俯卧撑

④ 不对称性必须优先

二、选择性功能动作评估

选择性功能动作评估(Selective Functional Movement Assessment,简称SF-MA)是一个评估系统,其对受试者进行肌肉骨骼系统检查,建立起一个动作基准线。选择性功能动作评估可以通过全面的评估发现动作模式与受试者的身体结构信息及医学诊断结果之间的关系,对动作模式进行分类,明确哪些部位需要做进一步的局部生物力学检查,落实手法治疗与康复训练干预方式的选择。

疼痛原因通常并不是疼痛的来源。选择性功能动作评估提供了是一个度量动作的标准和动作改变的标准,可以让物理治疗师和医生能识别出受试者特有的动作障碍和疼痛问题。例如三个背痛患者会表现出三种不同的动作方式,每个人都有不同的灵活性和稳定性能力,同样,三个全膝关节置换手术的病人在被要求完成单腿站立、体前屈、后展、旋转等动作时也会展现出三种不同的动作能力。

选择性功能动作评估共包括10个动作,实验人员对受试者在测试过程中所表现出来的动作模式反馈进行记录、评定。

（一）颈椎屈曲

1.测试目的

测试颈椎屈曲能达到的角度。

2.测试流程

起始动作要求受试者双脚并拢站直,脚尖朝前。受试者试着用下巴去碰触胸骨,同时躯干要挺直。

3.测试标准

(1)下巴触碰到胸骨。

(2)颈椎曲线平滑。

(3)没有过度用力和过度运动。

4、常见代偿

(1)胸椎屈曲

(2)下颈椎做铰链运动

5、注意事项

(1)确保患者在完成动作的时候没有张嘴。

(2)从正面和侧面来观察动作。

(3)测试时不要教授动作,需要的话可以重复动作要求。

(4)记录疼痛的产生。

图 14　颈椎屈曲测试示意图

(二)颈椎伸展

1.测试目的

测试颈椎伸展能达到的角度。

2.测试流程

起始动作要求受试者双脚并拢站直,脚尖朝前。受试者抬头向上看,尽量让面部与天花板平行。

3.测试标准

(1)受试者面部与水平夹角在 10°以内(颈椎伸展达到 80°)。

(2)颈椎曲线平滑。

(3)没有过度用力或过度运动。

4.常见代偿

(1)胸椎或腰椎伸展。

(2)头向右或向左倾斜。

5.注意事项

(1) 确保受试者在完成动作的时候没有张嘴。

(2)从正面和侧面来观察动作。

(3)测试时不要接受动作,需要的话可以重复动作要求。

(4)记录疼痛的产生。

图 15　颈椎伸展测试示意图

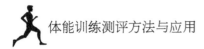

(三)颈椎旋转

1.测试目的

测试颈椎向两侧旋转能达到相应角度。

2.测试流程

起始动作要求受试者双脚并拢站直,脚尖朝前。受试者向右转头到最大幅度,然后再向左转头到最大幅度。以受试者鼻子和下巴的连线作为参照线。

3.测试标准

(1)鼻子与下巴的连线超过锁骨中点(旋转达到80°)。

(2)没有过度用力或过度运动。

4 常见代偿

(1)颈椎伸展或侧屈。

(2)躯干旋转。

(3)肩上提。

5 注意事项

(1)确保患者在完成动作的时候没有张嘴。

(2)从正面和侧面来观察动作。

(3)测试时不要教授动作,需要的话可以重复动作要求。

(4)记录疼痛的产生。

图 16-17　颈椎旋转测试示意图

（四）上肢内旋伸展

1.测试目的

评估肩部内旋、伸展、肘关节屈曲和胸椎伸展及旋转能力。

2.测试流程

起始动作要求受试者双脚并拢站直,脚尖朝前。然后要求受试者右臂贴着后背向上,尽量去碰触左侧肩胛骨下角。左侧重复。

3.测试标准

(1)受试者能触碰到对侧肩胛下角。

(2)没有过度用力或过度运动。

4.常见代偿

(1)桡偏。

(2)翼状肩。

(3)动作不流畅。

5.注意事项

(1)多平面、多角度来观察动作。

(2)动作过程中头部位置保持不变。

(3)测试时不要教授动作,需要的话可以重复动作要求。

(4)记录疼痛的产生。

图18-19　上肢内旋伸展测试示意图

（五）上肢外旋屈曲

1.测试目的

评估受试者肩外旋、屈曲和外展,肘关节屈曲和胸椎伸展及旋转能力。

2.测试流程

起始动作要求受试者双脚并拢站直,脚尖朝前。受试者右臂拍过头顶做"梳头"动作,让指尖尽量到左侧肩胛冈。左侧重复。

3.测试标准

(1)触碰到对侧肩胛冈。

(2)没有过度用力或过度运动。

4.常见代偿

(1)躯干旋转。

(2)颈椎屈曲或旋转。

(3)对侧肩胛上提。

5、注意事项

(1)多平面、多角度来观察动作。

(2)动作过程中头部位置保持不变。

(3)测试时不要教授动作,需要的话可以重复动作要求。

(4)记录疼痛的产生。

图20-21　上肢外旋屈曲测试示意图

(六)多部位屈曲

1.测试目的

多部位评估,有髋关节和脊柱的正常屈曲能力。

2.测试流程

起始动作要求受试者双脚并拢站直,脚尖朝前。然后要求受试者屈髋完成体前屈动作,手往脚尖方向伸,在不弯曲膝关节的前提下尽量碰到脚尖。动作过程中让受试者看着脚尖。

3.测试标准

(1)受试者能够触碰到脚尖。

(2)重心后移。

(3)脊柱曲线平滑。

(4)骶骨角至少 70°。

(5)没有过度用力和过度运动。

4.常见代偿

膝关节屈曲、颈椎后伸。

5.注意事项

(1)多平面、多角度来观察动作。

(2)动作过程中应保持脚的位置不变。

(3)膝关节保持伸直。

(4)测试时不要教授动作,需要的话可以重复动作要求。

(5)记录疼痛的产生。

图 22　多部位屈曲测试示意图

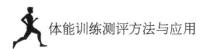

(七)多部位伸展

1.测试目的

评估肩关节全范围屈曲时髋关节和脊柱的正常伸展能力。

2.测试流程

(1)起始动作要求受试者双脚并拢站直,脚尖朝前。

(2)受试者双手举到头顶,双臂伸直,肘部和耳朵在一条直线上。要求受试者整个身体尽量向后伸展,在双臂后伸的同时髋向前顶。动作过程中让受试者看着手的方向。

(3)如果受试者手臂不能维持在起始姿势,则结果已经是功能障碍,但依然继续测试,为了检查是否产生疼痛。

3.测试标准

(1)肩关节屈曲能够达到并且维持170°。

(2)髂前上棘(AS1)向前超过脚尖。

(3)肩胛冈向后超过脚跟。

(4)脊柱曲线平滑。

(5)没有过度用力或过度运动。

4.常见代偿

膝关节屈曲超过5°。

5.注意事项

(1)多平面、多角度来观察动作。

(2)动作过程中应保持脚的位置不变。

(3)膝关节保持伸直。

(4)测试时不要教授动作,需要的话可以重复动作要求。

(5)记录疼痛的产生。

图23 多部位伸展测试示意图

(八)多部位旋转

1.测试目的

评估躯干、骨盆、髋关节、膝盖和足的正常旋转灵活性。

2.测试流程

(1)起始动作要求受试者双脚并拢站直,脚尖朝前,手臂在身体两侧放松。

(2)受试者整个身体向右侧旋转,头尽量向后看,肩和髋也一同旋转,但脚不能移动位置。

(3)受试者回到起始位置,然后再向左边旋转。

3.测试标准

(1)整个旋转角度达到100°(50°来自骨盆,另外50°来自躯干)。

(2)受试者能维持姿势。

(3)双脚位置保持不变。

(4)没有过度用力或过度运动。

4.常见代偿

(1)髋或膝盖屈曲。

(2)脊柱或骨盆偏移。

(3)肩胛带前伸或后缩。

(4)足或踝移动。

5.注意事项

(1)多平面、多角度来观察动作。

(2)动作过程中应保持脚的位置不变。

(3)膝关节保持伸直。

(4)测试时不要教授动作,需要的话可以重复动作要求。

(5)记录疼痛的产生。

(6)由于双脚并拢两侧一起测,外旋的髋关节也伴随伸展,这有可能限制旋转。时刻注意身体每部分髋、躯干和头。由于相邻部位的受限,某个部位可能过度活动。

图24-25　多部位旋转测试示意图

（九）单腿站立

1.测试目的

单腿站立,评估受试者在静态姿势下稳定单侧腿的能力。

2.测试流程

(1)起始动作要求受试者双脚并拢站直,脚尖朝前,双臂在大腿两侧放松。

(2)受试者右侧屈膝离开地面,需要直立平衡姿势至少10秒,闭上眼睛再重复10秒。

(3)抬起左腿,完成相同的测试。

3.测试标准

(1)睁眼维持平衡达到10秒。

(2)闭眼维持平衡达到10秒。

(3)维持姿势。

(4)维持足的位置。

(5)没有过度用力或过度运动。

4.常见代偿

(1)骨盆倾斜。

(2)上肢晃动。

(3)脚离开初始位置。

图26-27 单腿站立测试示意图

(十)垂臂深蹲

1.测试目的

测试评估的是髋、膝和踝的双侧对称的灵活性。

2.测试流程

(1)起始动作要求双脚并拢,双臂在身体前方,脚尖朝前。

(2)受试者缓慢下降至深蹲,让手臂保持在身体前方。足跟贴地,头和胸部朝前,深蹲至大腿低于水平面(髋关节低于膝关节)。

(3)受试者下放双臂,拳头去触碰地面。

3.测试标准

(1)大腿低于水平面。

(2)拳头触碰到地面。

图 28-33　垂臂深蹲测试示意图

(3)动作在矢状面上。

(4)没有过度用力或过度运动。

4.常见代偿

(1)踝关节外旋。

(2)足跟抬离地面。

(3)身体向前。

5.注意事项

(1)多平面、多角度来观察动作。

(2)动作过程中足的位置保持不变。

(3)深蹲过程中允许膝关节向前顶。

(4)测试时不要教授动作,需要的话可以重复动作要求。

(5)记录疼痛的产生。

(十一)评价体系

选择性功能动作评估是功能动作的评级系统。该系统指导临床医生给基础动作模式的疼痛和功能障碍评级。模式一步一步被分解,直到观察不到疼痛或功能障碍为止。此系统让使用者能够在对力量、关节活动度、关节稳定性和生物力学测试等进行临床测定之前,先给动作行为进行评级。

在选择性功能动作评估中我们用以下名词给动作进行记录与评分:

功能正常:满足关节活动度和动作质量的标准,无代偿动作。

功能障碍:完成动作时受限或约束,灵活性、稳定性缺乏,动作不对称。

疼痛:完成动作时再次引发了症状。

无痛:表示动作没有产生或者再度引发。

主要评定指标:功能正常无疼痛(FN)、功能正常有疼痛(FP) 、功能障碍有疼痛(DP)、功能障碍无疼痛(DN)。

评估报告样表：

表 10 选择性功能动作评估报告

姓名： 日期： 得分：

1.颈椎屈曲 □疼痛

□下巴不能触到胸骨

□脊椎曲线不平滑

□过度用力或缺乏运动控制

2.颈椎伸展 □疼痛

□与水平面夹角超过 10°

□脊柱曲线不平滑

□过度用力或缺乏运动控制

3.颈椎旋转 □右侧疼痛 □左侧疼痛

□右 □左 下巴或鼻子不能达到锁骨中线

□右 □左 用力过度或有明显不对称或缺乏运动控制

4.上肢内旋伸展 □右侧疼痛 □左侧疼痛

□右 □左 不能摸到肩胛下角

□右 □左 用力过度/且或有明显不对称或缺乏运动控制

5.上肢外旋屈曲 □右侧疼痛 □左侧疼痛

□右 □左 不能摸到肩胛骨

□右 □左 用力过度或有明显不对称或缺乏运动控制

6.多部位屈曲 □疼痛

□不能摸到脚尖

□骶骨角小于 70 度

□脊柱曲线不平滑

□重心后移不足

□用力过度/且或有明显不对称或缺乏运动控制

7.多部位伸展 □疼痛

□上肢不能达到或维持在 170°

□髂前上棘没有超过脚尖

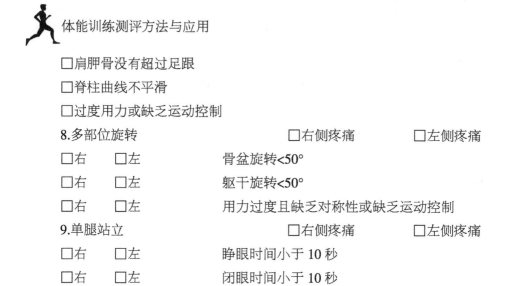

□肩胛骨没有超过足跟

□脊柱曲线不平滑

□过度用力或缺乏运动控制

8.多部位旋转 □右侧疼痛 □左侧疼痛

□右 □左 骨盆旋转<50°

□右 □左 躯干旋转<50°

□右 □左 用力过度且缺乏对称性或缺乏运动控制

9.单腿站立 □右侧疼痛 □左侧疼痛

□右 □左 睁眼时间小于10秒

□右 □左 闭眼时间小于10秒

□右 □左 不能维持姿势

□右 □左 用力过度且缺乏对称性或缺乏运动控制

10.垂臂深蹲 □疼痛

□髋没有超过水平面 □动作偏离矢状面:左_____ 右_____

□拳头不能碰到地面 □用力过度,重心偏移过多或运动控制过度

三、上肢功能链评估

上肢功能链评估是一个动态的测试,每一侧的伸展都会运用到肩胛骨稳定性、肩部关节灵活性和胸椎旋转及核心区域控制,受试者在不失去平衡的状态下尽可能伸远,这对上肢的灵活性、稳定性及控制能力有很大挑战,对支撑侧手臂、肩胛带以及躯干稳定性和移动侧的手臂、肩胛带及躯干的灵活性有很高的要求。测试的目标是受试者单手支撑在中间踏板上时维持俯卧撑姿势,让延伸手去触碰可移动测试板,尽可能向中间、下外侧、上外侧方向推动测试板,进而评测身体的平衡、本体感觉、力量和全范围活动的能力。

测试仪器:测试套件、卷尺、摄像机。

图 34 上肢功能链评估测试仪器

测试方法：

1.准备实验器材,布置好摄像机的位置。

2.向受试者介绍测试流程。

3.受试者站立,测试者用卷尺测量其手臂长度(第七颈椎至第三根手指末端的距离),精确到 0.5 厘米。

4.准备活动:受试者赤足,双手、双脚与肩同宽,呈俯卧撑姿势,右手拇指放于踏板的红色起始线后面,左手触碰可移动测试板,在标有红色刻度的区域尽可能地向左边缓慢推动(不能把手放在可移动的测试板上)。然后保持相

图 35-38 上肢功能链评估示意图

同姿势,让受试者尽可能向远处推动下外侧的测试板,最后尽可能向远处推动上外侧的测试板。左侧、右侧各做三次,之后回到起始位置。测试过程中支撑侧手掌、双脚不能离开支撑面。

5.准备活动后休息 5~8 分钟。

6.进行测试并用摄像机记录测试过程:

(1)左臂支撑,右侧中间延伸、右侧下外侧延伸、右侧上外侧延伸,读取踏板边缘标尺上的数值,精确到 0.5 厘米,记录数据;适当休息后,完成剩余的两次测试。

(2)右臂支撑,左侧中间延伸、左侧下外侧延伸、左侧上外侧延伸,读取踏板边缘标尺上的数值,精确到 0.5 厘米,记录数据;适当休息后,完成剩余的两次测试。

7.三个方向上的动作必须连续完成,如果中断,受试者返回起始位置完成下一次尝试;一侧一个方向最多可尝试 6 次,如果超过 4 次尝试都失败,判定测试结果为 0。

8.整理活动:测试结束后,受试者进行放松活动 2~3 分钟

测试结果

1.取所记录的三次测试数值中最大数值进行分析。

2.左右两侧向前伸的差距不应大于 4 厘米。

3.后内侧和后外侧两个方向上,左右两侧差距不应大于 6 厘米。

4.综合分数=(中间+下外侧+上外侧距离)/上肢长度×3×100。

5.录像分析受试者在测试过程中的整体表现,如肩胛骨不稳、躯干控制能力较差等,进行分析纠正。

四、下肢功能链评估

下肢损伤风险与功能对称性评估是一种功能动作质量筛查与评估办法,对人体执行相关动作时所需要同时具备的核心稳定性、关节灵活性、神经肌肉控制、动作活动幅度、平衡和本体感觉等综合能力的精确量化测试,可以对受试者进行简单、快速的损伤风险预防与功能性对称评估。运用缜密的逻辑

分析能够发现受试者在完成动作时的动作障碍和薄弱环节。该测试主要由三个方向的动作组成(前伸、后内侧伸、后外侧伸),受试者保持单腿平稳站立于测试板上,同时另一侧腿尽可能向远处伸展,对下肢功能链进行评估。

图39　下肢功能链评估测试仪器

测试仪器:测试套件、卷尺、摄像机

测试方法

1.准备实验器材,布置好摄像机的位置。

2.向受试者介绍测试流程。

3.受试者仰卧,测试者用卷尺测量其下肢长度(髂前上棘至内踝末端),精确到 0.5 厘米。

4.准备活动:受试者站在测试板红线后,保持单腿站立的同时,另一侧腿分别在三个方向(前伸、后内侧伸、后外侧伸)做伸向远端的动作,各做六次,之后回到起始位置。

5.准备活动完成后受试者休息 5~8 分钟。

6.进行测试并用摄像机记录测试过程。

(1)右脚支撑,左脚缓慢推动测试板,向前伸展 3 次,读取踏板边缘标尺上的数值,精确到 0.5 厘米,记录数据。

(2)左脚支撑,右脚缓慢推动测试板,向前伸展 3 次,记录数据。

(3)右脚支撑,左脚缓慢推动测试板,向后内侧伸展 3 次,记录数据。

(4)左脚支撑,右脚缓慢推动测试板,向后内侧伸展 3 次,记录数据。

(5)右脚支撑,左脚缓慢推动测试板,向后外侧伸展 3 次,记录数据。

(6)左脚支撑,右脚缓慢推动测试板,向后外侧伸展 3 次,记录数据。

7.一个方向最多尝试 6 次,如果超过 4 次尝试都失败,记测试结果为 0。

图 40-43　下肢功能链评估测试示意图

8.整理活动:测试结束后,受试者放松 2~3 分钟。

测试结果

1.取所记录的三次测试数值中最大数值进行分析。

2.左右两侧向前伸的差距不应大于 4 厘米。

3.后内侧和后外侧两个方向上,左右两侧差距不应大于 6 厘米。

4.综合分数=(前伸+后内侧伸+后外侧伸)/下肢长度×3×100。

5.录像分析受试者在测试过程中的整体表现,如踝关节不稳、膝关节位置等,进行分析纠正。

五、身体姿态与运动控制评估

传统的力量测试沿着肌肉起止点之间的连线进行,是根据肌肉的运动特点提供相应的对抗阻力,而功能性训练强调不同动作模式下多肌群的协调工作,单一的力量评定方法已不能满足多关节多平面的实际运动环境。此外,功能性力量训练不需要肌肉最大限度的激活,在进行既定动作模式时,除了要关注动作完成力量外,还要观察参与运动的协同肌激的情况和顺序,动作的开始阶段是运动控制信息采集最重要的阶段,激活的时序性大于激活的程度(收缩性),因此动作初始阶段的完成程度要比动作结束阶段更重要。与传统手法肌力测试(MMT)相比,身体姿态与运动控制评估可为功能性动作中肌肉的募集提供充足并可信的信息。

本测试通过观察受试者完成动作的优先策略,找出因肌肉激活时序和动作代偿引起的不良动作模式,提供有效的干预解决方案。

测试仪器:**按摩床、关节活动度测量仪。**

测试步骤

(一)髋关节后伸

1.伸髋动作测试可确定受试者优先募集模式,主试人员观察腘绳肌、臀大肌、脊柱伸肌和肩部肌肉组织的激活数序和程度,正常的激活顺序为:同侧臀大肌和对侧竖脊肌激活,激活腘绳肌—臀大肌—对侧竖脊肌—同侧竖脊肌。

2.受试者俯卧于治疗床上,头部处于自然位,双手放在身体两侧,双足伸出治疗床以保证腿部自然旋转。测试时要求受试者保持膝关节伸直状态下,缓慢向上抬腿。

3.记录受试者后伸角度,观察肌肉的激活顺序、骨盆或腰椎的位置变化。

图 44 髋关节后伸测试起始姿势　图 45 髋关节后伸测试中心腰部　图 46 髋关节后伸测试中的屈膝
　　　　　　　　　　　　　　　　肌群过伸和骨盆前倾　　　　　　　动作

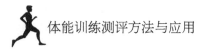

(二)髋关节外展

1.髋外展测试可判断骨盆外侧支撑肌群的质量,为步态循环周期中骨盆在额状面的稳定性提供了间接信息。

2.受试者侧卧与治疗床,下侧腿保持弯曲,上侧腿位于中立位,与躯干呈一条直线。受试者缓慢向上抬起腿。

3.记录受试者外展角度,观察肌肉的激活顺序、骨盆、髋关节、腰椎的变化。

图47 髋关节外展测试中的起始姿势

图48 髋关节外展测试中的结束姿势

图49 髋关节外展测试中的阔肌膜张肌
过度激活,参与外展

图50 髋关节外展测试中的髋部上升代偿

(三)屈膝卷腹

1.屈膝卷腹可评估髂腰肌和腹部肌群的交互作用。

2.受试者仰卧,脚掌平放在地上,两手交叉放在胸前,上半身微微带起直到45度左右后保持2秒钟,缓慢下落,还原到仰卧姿势。观察并记录受试者躯干、下背部和骨盆的位置变化。

3.还可将手放在受试者的足跟下方,感受足底压力的变化。

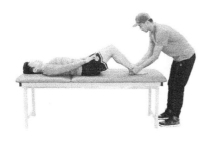 

图 51　屈膝卷腹测试中的起始姿势　　　　图 52　屈膝卷腹测试中的结束姿势

（四）颈部屈曲

1.颈部屈曲可评估颈部深层屈肌及其协同肌的交互作用。

2.受试者仰卧于治疗床上,头颈部缓慢屈曲抬起。

3.观察并记录受试者头部、下颌和颈部的位置变化。

4.如果上述动作模式不清晰,主试人员可用手指在受试者前额提供轻微阻力。

 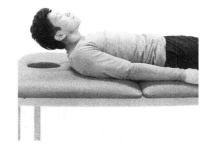

图 53　颈部屈曲中的标准姿势　　　　图 54　颈部屈曲中的下颌前伸,出现代偿

（五）俯卧撑

1.俯卧撑测试可评估肩胛骨的稳定性。

2.受试者从俯卧位开始,双腿伸直,发力,将身体缓慢向上推起。如果受试者不能在直腿条件下完成,可改成屈膝进行测试。

3.观察并记录受试者肩部的变化。

图 55　俯卧撑测试中的起始姿势　（男）　　图 56　俯卧撑测试中的结束姿势(男)

图 57　俯卧撑测试中的起始姿势(女)　　图 58　俯卧撑测试中的结束姿势(女)

 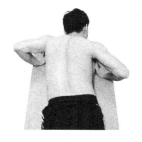

图 59　俯卧撑测试中的异常姿势　　　　图 60　俯卧撑测试中的异常姿势

（六）肩部外展

1.肩部外展测试可评估肩带肌群之间的协调性。

2.受试者采用坐姿,手臂位于身体两侧,肘关节屈曲,双肩同时外展抬起。

3.观察并记录头部和肩部的变化

图 61　肩部外展测试中的　　　图 62　肩部外展测试中的肩　　　图 63　肩部外展测试中的外
　　　　起始姿势　　　　　　　　　　胛骨过度上提,测试为阳性　　　展 60°肩胛提肌过度紧张成为
　　　　　　　　　　　　　　　　　　　　　　　　　　　　　　　　主导肌群

(七)身体姿态与运动控制评估的评定方法与主要测试指标

受试者每出现如下情况得 1 分,得分超过 21 分需专业医生进行诊断。

表 11　身体姿态与运动控制评估评分表格

测试动作	评价指标	是否出现
髋关节后伸(8)	下肢后伸>10°,骨盆向后旋转>5°	
	肌肉收缩顺序错误	
	膝关节弯曲	
	腘绳肌体积增大	
	臀大肌体积减小	
	骨盆前倾	
	腰椎前凸	
	脊柱晃动,两侧出现水平的凹槽或褶皱	
髋关节外展(8)	外展<20°	
	骨盆侧移或旋转	
	髂嵴高度不在同一水平线	
	髋部出现上提	
	髂胫束外侧凹槽加深	
	屈髋,前踢腿	

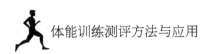

续表

测试动作	评价指标	是否出现
	躯干旋转	
	髋关节内收或足内翻	
屈膝卷腹(4)	腹壁侧面出现凹槽	
	躯干上部屈曲幅度减小	
	骨盆前倾	
	足底压力明显减小	
颈部屈曲(4)	下颌和和颈部之间的角度>90°	
	胸锁乳突肌中段至远端附着点连线突出	
	下颌前伸	
	头部前伸	
俯卧撑(4)	头前伸和圆肩	
	上臂旋内增加	
	乳头朝向外上方和侧方(男性)	
	翼状肩胛	
肩部外展(5)	头前伸和圆肩	
	肩胛骨上提	
	肩胛提肌出现切迹	
	颈椎出现旋转	
	翼状肩胛	

六、应用篇

应用一：功能性动作质量筛查在帆船项目测试方案优先等级排列的应用研究

对国家帆船队男子激光级、女子激光雷迪尔级 14 名运动员进行功能性动作质量筛查测试，分析该项目的共性和差异性，客观评定各关节灵活性、稳定性与整体协调性，找出运动弱链与代偿，对潜在伤病风险进行预测，提出针对性训练建议，达到预防运动损伤、提高运动表现的目的。依照疼痛引起身体运动的代偿，功能性运动模式总值的局限性和左右不对称导致改变生物力学运动模式的原则，通过测试，依照评分标准打分，对基本动作模式、动作局限与动作代偿进行分级和排序，减少和排除运动员运动损伤的潜在风险。

综合功能性动作筛查测试中，"过头深蹲"和"旋转稳定性"两个测试体现了帆船项目的专项体能的共性特征。在实际应用中，选取过头深蹲、旋转稳定性和肩部灵活性三个测试动作作为帆船激光级功能性动作筛查主要环节较为适宜；选取躯干旋转稳定性、过头深蹲、稳定俯卧撑和肩部灵活性四个测试动作作为帆船激光雷迪尔级功能性动作筛查主要环节较为适宜。

结果分析如下：

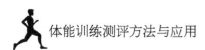
体能训练测评方法与应用

表 12　激光级运动员功能性动作质量筛查测试表现得分汇总表

序	姓名 测试项目			乔X		施X	
1	过头深蹲	分		1		1	
2	跨栏架步	右		3		3	
		左		2		3	
		分		2		3	
3	直线弓箭步	右		2		3	
		左		2		2	
		分		2		2	
4	踝关节灵活性	右		G		Y	
		左		Y		Y	
5	肩部灵活性	右		3		2	
		左		2		3	
		分		2		2	
6	肩部碰撞			－		－	
7	直腿主动高抬	右		2		2	
		左		3		3	
		分		2		2	
8	躯干稳定性俯卧撑	分		3		3	
9	俯卧推起			－		－	
10	躯干旋转稳定性	右		2		2	
		左		2		2	
		分		2		2	
11	俯撑伸展			－		－	
	总分			14		15	

		10	7	3	2	1	10	7	5	1
	备注	同侧手和膝不能同时离开地面	主动屈髋能力较差	腰椎稳定性不足	主动屈髋能力不足	膝与脚未成一跳线，横杆失衡	同侧手和膝不能同时离开地面	右侧腘绳肌柔韧性不足	右肩活动度较差	躯干与小腿不平行，髋高于膝

激光级运动员功能性动作质量筛查测试表现得分汇总表

王XX	杨X	邵XX	张XX	李XX	单项	满分	差值
1	2	2	2	2	9	21	-12
3	2	3	3	2	19	21	-2
3	2	3	3	2	18	21	-3
3	2	3	3	2	18	21	-3
3	3	3	2	3	19	21	-2
3	3	3	3	3	19	21	-2
3	3	3	2	3	18	21	-3
G	G	G	G	G			
G	G	G	G	G			
3	2	1	1	3	17	21	-4
3	2	3	1	3	17	21	-4
3	2	3	1	3	16	21	-5
-	-	-	-	-			
1	2	3	2	3	15	21	-6
2	3	3	3	3	20	21	-1
1	2	3	2	3	20	21	-1
3					19	21	-2
-	-	-	-	-			
2	2	2	2	2	14	21	-7
2	2	2	2	2	14	21	-7
2	2	2	2	2	14	21	-7
-	-	-	-	-			
16	15	19	15	17			

王XX			杨X					邵XX					张XX	李XX			
10	7	1	10	8	7	2	1	10	7	5	3	1		10	8	2	1
同侧手和膝不能同时离开地面	屈髋肌群紧，主动屈髋能力差	脚跟垫高依旧不能完成动作	同侧手和膝不能同时离开地面	躯干传导能力差，力量差	右侧腘绳肌柔韧性力量不足	膝关节内扣，稳定性不足		同侧手和膝不能同时离开地面	右侧腘绳肌柔韧性力量不足	右肩内旋能力不足	右膝稳定性不足	膝关节内扣，稳定性不足		同侧手和膝不能同时离开地面	躯干传导能力差，力量差	髋关节失衡，肌力不平衡	髋关节灵活性不足

85

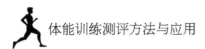
表13 激光雷迪尔级运动员功能性动作质量筛查测试表现得分汇总表

序	测试项目		张XX	顾X
	姓名		张XX	顾X
1	过头深蹲	分	2	2
2	跨栏架步	右	3	3
		左	2	2
		分	2	2
3	直线弓箭步	右	0	3
		左	3	3
		分	0	3
4	踝关节灵活性	右		G
		左		G
5	肩部灵活性	右	0	0
		左	2	2
		分	0	0
6	肩部碰撞			
7	直腿主动高抬	右	3	2
		左	3	2
		分	3	2
8	躯干稳定性俯卧撑	分	2	2
9	俯卧推起		—	—
10	躯干旋转稳定性	右	2	2
		左	2	2
		分	2	2
11	俯撑伸展		—	—
	总分		11	13

	张XX					顾X				
	10	8	5	3	2	10	8	7	5	2
备注	同侧手和膝不能同时离开地面	躯干传导能力不足	肩部疼痛，劳损	右膝关节疼痛	髋、膝、踝在矢状面未成直线	同侧手和膝不能同时离开地面	右侧腘绳肌柔韧性不足	腰背力量不足	肩部疼痛，劳损	右髋外旋

激光雷迪尔级运动员功能性动作筛查测试表现得分汇总表

袁XX	胡XX	陆XX	李XX	樊XX	单项合计	满分合计	差值
1	1	2	1	1	10	21	-11
3	3	1	2	3	18	21	-3
2	3	2	2	3	16	21	-5
2	3	1	2	3	15	21	-6
0	3	2	2	3	13	21	-7
3	3	2	3	3	20	21	-1
0	3	2	2	3	13	21	-7
	G	G	G	G			
	G	G	G	G			
0	3	3	2	3	12	21	-10
3	3	3	2	3	18	21	-3
0	3	3	2	3	11	21	-10
	—	—	—	—			
2	3	3	3	3	19	21	-2
2	3	3	3	3	19	21	-2
2	3	3	3	3	19	21	-2
0	2	2	2	2	12	21	-9
1	2	2	2	1	12	21	-9
2	2	2	2	2	14	21	-7
1	2	2	2	1	12	21	-12
	—	—	—	—			
6	17	15	14	16			

袁XX							胡XX		陆XX			李XX					樊XX	
10	8	7	5	3	2	1	10	8	10	8	3	10	8	5	3	1	10	1

说明（由左至右）：

- 同侧手和膝不能同时离开地面
- 右腕关节疼痛
- 屈髋肌群紧，主动屈髋能力差
- 肩部疼痛，劳损
- 膝关节疼痛
- 左侧髋外翻
- 脚跟垫高依旧不能完成动作
- 腰背力量不足
- 同侧手和膝不能同时离开地面
- 同侧手和膝不能同时离开地面
- 躯干晃动，横杆未与地面垂直
- 同侧手和膝不能同时离开地面
- 躯干传导能力不足
- 肩部活动度差
- 躯干晃动，横杆未与地面垂直
- 髋、膝、踝在矢状面上不能平齐
- 躯干传导能力差，力量弱
- 失去平衡、不能完成整个动作

应用二:人体弱链筛查

弱链是生物力学链中的薄弱环节,表现为神经肌肉控制减弱,稳定性下降,肌力下降以及由于恐惧性逃避反应所导致的肌肉骨骼系统功能障碍。在一个动作中,某肌肉(通常是局部稳定肌)和其他肌肉一起工作时,太弱以至于不能发挥应有的那部分作用,力的传递受到干扰,临床可发现动作完成不正确或患者感到局部疼痛。局部肌与整体肌具有的特点不同:

表 14　局部肌与整体肌对比

局部肌	整体肌
引起微弱或不引起运动	收缩引起较大范围的运动
张力性激活	自然激活(开/关)
低负荷稳定性	高负荷稳定性
有节段稳定性	无节段稳定功能
Ⅰ型纤维	Ⅱ型纤维
前馈机制	较局部肌比前馈机制减少
肌梭数目相对多	肌梭数目相对少

悬吊运动训练起源于康复训练,突出了运动感觉综合训练,强调在不平稳状态下进行闭链运动以达到对感觉运动器官的最佳诱发效果。在特定动作模式下检测各肌肉以确定薄弱处,诊断系统的核心是对薄弱环节的筛查。本案例主要通过受试者在悬吊系统上进行不用动作模式的测试,来评定人体动作模式和动力链的薄弱环节,发现伤病隐患。

测试主要分为两个维度:

受试者首先在闭链运动中接受测查,负荷逐渐增大直至不能正确做动作或者感到疼痛为止。如果发生上述这种情况或左右两侧的负荷量有明显差别时,说明存在一个或多个"薄弱环节"。

受试者用开链运动检测各肌肉以确定薄弱之处。涉及肌肉耐力的测定则是通过不断增加开链和闭链运动的负荷来实现的。

具体方法如下:

1.俯卧支撑前屈链弱链筛查

(1)受试者呈曲臂肘撑姿势,悬吊绑带位于双脚脚踝处(双侧悬吊),保持此姿势 120 秒。如果受试者出现疲劳,则记录完成时间。

(2)休息 3 分钟后,去掉左脚的悬吊绑带,采取右脚单侧悬吊,保持曲臂肘撑姿势 60 秒。如果受试者出现疲劳,则记录完成时间。

(3)休息 3 分钟后,去掉右脚的悬吊绑带,采取左脚单侧悬吊,保持曲臂肘撑姿势 60 秒。如果受试者出现疲劳,则记录完成时间。

(4)关注受试者是否出现躯干旋转或侧屈曲、身体晃动、腰部塌陷,询问是否有疼痛出现。

图 64-67　俯卧支撑钱屈链弱链筛查示意图

2.仰卧支撑后伸链弱链筛查

(1)受试者呈直腿仰卧姿势,双手抱于胸前,除肩部和头部接触垫子外,其他身体部位皆悬空。悬吊绑带位于双脚脚踝处(双侧悬吊),保持此姿势 120 秒。如果受试者出现疲劳,则记录完成时间。

(2)休息 3 分钟后,去掉左脚的悬吊绑带,采取右脚单侧悬吊,保持此姿势 60 秒。如果受试者出现疲劳,则记录完成时间。

(3)休息 3 分钟后,去掉右脚的悬吊绑带,采取左脚单侧悬吊,继续保持此姿势 60 秒。如果受试者出现疲劳,则记录完成时间。

(4)测试时,关注受试者是否出现躯干旋转或侧屈曲、身体晃动、髋关节塌陷等代偿动作,询问是否有疼痛出现。

图 68-70　仰卧支撑后伸链弱链筛查示意图

3.侧向支撑螺旋链弱链筛查

(1)受试者呈右臂屈肘直腿侧向支撑姿势,除小臂接触垫子外,其他身体部位皆悬空。悬吊绑带位于左脚踝处(双侧悬吊),保持此姿势 60 秒。如果受试者出现疲劳,则记录完成时间。

(2)休息 3 分钟后,受试者呈左臂屈肘直腿侧向支撑姿势,将悬吊绑带移至右脚脚踝处,保持此姿势 60 秒。如果受试者出现疲劳,则记录完成时间。

(3)测试时,关注受试者是否出现躯干旋转或侧屈曲、膝关节屈曲、身体晃动、髋关节屈曲塌陷等代偿动作,询问是否有疼痛出现。

图 71-72 侧后支撑螺旋链弱链筛查示意图

(4)运用难度增减原则选取身体测试部位长时间保持,记录左右侧在测试动作下保持的时间,可进行纵向(同一动作部位无疼痛下坚持时间延长)与横向(同一动作部位两侧坚持时间)进行对比,找出薄弱环节。

通过如下指标可判别弱链测试是否呈阳性:不能正确完成动作、出现疼痛、出现双侧运动不对称。

表 15　人体弱链筛查结果汇总表

俯卧支撑前屈链			仰卧支撑后伸链			侧向支撑螺旋链	
双固定	左固定	右固定	双固定	左固定	右固定	左固定	右固定

应用三:屈髋肌群紧张程度排除测试

测试目的:臀大肌的薄弱通常与屈髋肌群的过度激活有关,屈髋肌群的紧张或缩短限制了运动过程中的伸髋幅度,导致骨盆前倾,从而引起系列动作模式的代偿。屈髋肌群紧张程度排除测试检测受试者屈髋肌群是否存在紧张或缩短,可对髂腰肌、腰大肌、股直肌和阔筋膜张肌等容易于紧张的屈髋肌群进行靶向评估。

测试仪器:治疗床。

测试步骤:

首先引导受试者坐在治疗床的边缘,一只脚接触地面,受试者屈曲对侧髋关节和膝关节,双手撑住治疗床辅助保持该姿态。

实验人员面朝受试者站在非测试腿侧,将一只手放在其胸椎上部,另一只手放在其膝关节上起到辅助作用,协助受试者向后滚动平躺在治疗床上,呈仰卧姿态。实验人员提醒受试者双手将膝盖往胸口抱,保持膝关节和腰椎的屈曲、骨盆略微后倾,用来固定屈髋肌群。

接下来实验人员引导受试者缓慢降低测试腿,直到观察到骨盆移动或出现阻力点。受试者大腿处于放松状态,实验人员观察大腿位置并记录。

最后实验人员轻微按压受试者的膝关节,观察髌骨和大腿外侧状况并记录。

评定方法:

受试者在放松状态下,即腰椎和骶骨平放在治疗床上时,大腿后侧腘绳肌群可以接触到治疗床,此时伸髋角度为0°。观察受试者大腿是否处于中立位置、与治疗床平行或出现外展旋转等。

图73 屈髋肌群紧张程度排除　　图74 屈髋肌群紧张程度排除　　图75 屈髋肌群紧张程度排除
测试结果一　　　　　　　　测试结果二　　　　　　　　测试结果三

图73:大腿未与治疗床贴合,且膝关节屈曲90°,提示髋屈肌群紧张。

图74:大腿与治疗床贴合,但小腿延伸,表示股直肌僵紧。

图75:大腿未与治疗床贴合且小腿延伸,髋屈肌及股直肌都紧张。

轻轻按压受试者膝关节时,正常状态下大腿可以后伸10°~15°。此时如果髌骨上部出现凹陷,提示股直肌缩短;大腿外侧出现凹陷,提示髂胫束紧张。

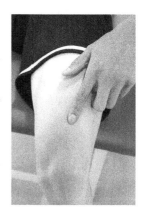

第四章　平衡与稳定

一、平衡(Balance)

平衡是维持身体静态或动态平衡的能力或控制身体重心的能力,是人类一项基本运动技能。人体的平衡主要指当身体在静止或运动中重心偏离稳定位置时,通过自发的、无意识的反射活动,调整并维持姿势以恢复重心稳定的能力。在日常生活中,人的站立、行走、伸手及物等动作都需要一定的平衡能力,才能防止跌倒等状况的出现。在运动中,良好的平衡能力可以调节肌肉用力、保持身体平衡、维持某种动作姿势。身体平衡与稳定能力取决于前庭器官、肌肉、肌腱、关节内本体感受器、视觉等对外刺激的协调能力,其产生过程如图 1 所示。

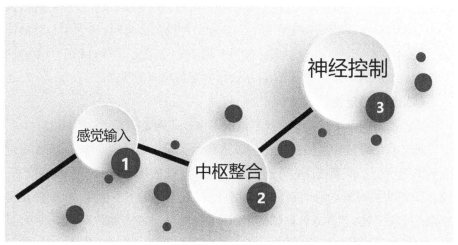

图 1　身体平衡与稳定能力的产生过程

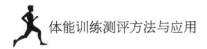

平衡主要分为以下三种：

（一）静态平衡

静态平衡又称一级平衡，是指人体在无外力作用下，维持某种姿势的能力。

（二）动态平衡

动态平衡又称二级平衡，是指人体在进行各种自主运动或各种姿势转换之间的过程中重新获得稳定状态的能力；

（三）他动态平衡

他动态平衡又称三级平衡，即人体对外界干扰，如对推、拉等产生反应，恢复稳定状态的能力。

二、稳定（Stable）

稳定是指在一个非静态的动作系统后（即受到外界干扰），身体恢复到特定位置或动作姿势的能力，主要分为：

（一）静止稳定性

静态稳定性是指在维持静态姿势时晃动发生的总量，压力中心（CP）均方根误差、平均压力中心位置或偏移面积都可对其进行定量评价。一般来说，人体移动次数越多，移动距离越大，或人体在维持静态姿势时，压力中心移动速度越快，移动距离越低。一个人在保持双脚静止时，重心（COG）和压力中心的可移动最远距离称为晃动极限，可用该指标来量化评价平衡。

（二）运动稳定性

运动稳定性是指在受到干扰的情况下恢复起始姿势或运动的能力。

运动成绩是各种素质交互作用以达到运动动作或反应动作，平衡和稳定性测试可评价受试者在反应性运动中这些素质间的相互作用。一般情况下，静止稳定性和平衡这两个概念可互用，但在某些情况下不适用：根据静止稳定性的定义表述，其意味着双脚必须保持静止。人体在走和跑双脚移动中，重心离开支持面在特定运动轨迹上移动，此时维持重心在特定运动轨迹上移动的能力即动态稳定性。若用动态平衡表示动态稳定性是不恰当的，因为动态平衡指控制重心的能力,保持重心在支持面内,实际上会导致运动成绩能力的下降。

平衡与稳定测试可以评估随着训练而提升的稳定能力的不同方式,一般常用的测试包括静态站立测试(单脚闭眼站立或双脚站立)、稳定性和平衡评测技术(Tetrax)、用3D椭圆旋转平面测验平衡与使用动态平衡与协调能力测试仪进行测试(Imoove)。这些大量的测试方式可以评估受试者在不同平面的平衡感与稳定性。

三、平衡与稳定主要测试一览

表1 平衡与稳定的主要测试项目及测试目标

测试项目	测试目标
闭眼单脚站立测试	姿势性静止稳定,静态平衡
平衡误差诊断测试	姿势性静止稳定,静态平衡
静态平衡与稳定能力测试	姿势性稳定,静态平衡
动态平衡与稳定能力测试	动态平衡
星型偏移平衡测试	伸展运动稳定,动态平衡

(一)闭眼单脚站立测试

闭眼单脚站立测试主要测量受试者在静止状态下维持身体平衡的能力。这一测试适合小学生至老年人。

场地及器材:平坦地面、秒表。

图1-2 闭眼单脚站立测试示意图

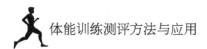

测试方法:受试者赤脚,闭眼,自然站立,听到口令后抬起任意一只脚,开始计时,当受试者的支撑脚移动或抬起脚着地时,停表结束测验。测试两次,取最好的一次成绩记录。

注意事项:在测试过程中,受试者不能睁眼;测试人员要注意保护受试者。闭眼单脚站立评价标准见下表:

表2 闭眼单脚站立评价标准表(单位:秒)

性别	年龄	1分 (非常差)	2分 (较差)	3分 (一般)	4分 (良好)	5分 (优秀)
男性	20-24 岁	3-5	6-17	18-41	42-98	>98
	25-29 岁	3-4	5-14	15-35	36-85	>85
	30-34 岁	3-4	5-12	13-29	30-74	>74
	35-39 岁	3	4-11	12-27	28-69	>69
	40-44 岁	3	4-9	10-21	22-54	>54
	45-49 岁	3	4-8	9-19	20-48	>48
	50-54 岁	3-4	5-7	8-16	17-39	>39
	55-59 岁	2	3-6	7-13	14-33	>33
	60-64 岁	1-3	4-6	7-14	15-48	>48
	65-69 岁	1-2	3-5	6-12	13-40	>40
女性	20-24 岁	3-5	6-15	16-36	37-90	>90
	25-29 岁	3-5	6-14	15-32	33-84	>84
	30-34 岁	3-4	5-12	13-28	29-72	>72
	35-39 岁	3	4-9	10-23	24-62	>62
	40-44 岁	3	4-7	8-18	19-45	>45
	45-49 岁	2	3-6	7-15	16-39	>39
	50-54 岁	2	3-5	6-13	14-33	>33
	55-59 岁	2	3-5	6-10	11-26	>26
	60-64 岁	1-2	3-5	6-12	13-40	>40
	65-69 岁	1-2	3-4	5-10	11-35	>

(二)平衡误差诊断测试

设备:泡沫平衡垫子、秒表。

测试步骤

1.平衡误差诊断测试姿势如图所示。

图 3-8　平衡误差诊断测试六种测试姿势示意图

2.三个站立动作分别是双脚并拢站立、单脚站立且非惯用脚弯曲 90°和惯用脚在非惯用脚前排列站立。该测试在铺有软垫的坚硬地面上进行。

3.每个站立姿势,受试者双手叉腰闭眼站立持续 20 秒。

4.受试者应尽可能保持稳定,如果失去平衡,要尽可能快速回到开始姿势。

5.3 种姿势,在 2 种支撑面上站 20 秒,共 6 次。

在测试过程中,受试者应尽量保持稳定,如果失去平衡,要尽快回到最初姿势。

受试者犯以下错误则得 1 分:

手离开腰部、测试过程中睁开眼睛、踏步、跳跃、跌落器械或其他非站立脚的移动、无法维持特定姿势超过 5 秒、髋关节屈曲或外展超过 30°、脚跟或脚尖离地。

如果受试者不犯错误且保持姿势低于 5 秒,则该测试不完整。每次测试的每个错误最多犯 10 次,每个错误最多扣 10 分。测试共 6 个标准,所有分数计入一次测试。

进行测试结果分析时,需要将每次测试的时间段统一,方可对不同时期的多次测试进行纵向比较。

表 3　平衡误差诊断测试结果表

年龄	人数	平均值	标准差	得分正态分布的百分位区间					
				>90	76~90	25~75	10~24	2~9	<2
20~39	104	10.97	5.05	0~3	4~6	7~14	15~17	18~22	23+
40~49	172	11.88	5.40	0~5	6~7	8~15	16~19	20~25	26+
50~54	96	12.73	6.07	0~6	7~8	9~15	16~20	21~31	32+
55~59	89	14.85	7.32	0~7	8~9	10~17	18~24	25~33	34+
60~64	80	17.20	7.83	0~7	8~11	12~21	22~28	29~35	36+
65~69	48	20.38	7.78	0~11	12~14	15~23	24~31	32~39	40+

注:平衡误差评分系统测试为非正态分布,因此用百分位序代替分数表示。以 20~30 岁人群测试结果为例,在 104 名受试者中,有 2 人在前 10%,19 人在后 10%。

(三)静态平衡与稳定能力测试

Tetrax 测试系统作为一种新型稳定性和平衡评测技术,通过同时测量施加在 4 个力台上的压力波动及其相互关系,不仅可以评估站立姿态的稳定性,而且能够通过不同姿势控制本体感觉、视觉以及前庭信息的输入,从而对不同感觉系统在维持平衡功能中的作用进行分析。Tetrax 测试系统即应用于静态平衡与稳定能力测试。

随着计算机系统和压力感应技术的发展,平衡功能的评定正在从传统的观察法、量表法逐渐向有着高信度和效度的平衡测试设备转变。

静态平衡与稳定能力测试步骤:

首先,连接好测试机器,进行校准。

其次,录入受试者信息,受试者熟悉实验器材和测试步骤,做 3~5 分钟有针对性的准备活动。

在测量过程中,受试者必须脱掉鞋子,但是可以穿袜子。对于那些使用助走器的受试者及临床认为稳定性差的受试者,在测量期间应该有第三人(除设备操作人员之外)站在受试者旁边保护他,防止其从平台上跌落。那些没有支撑姿势代码为不能单独站立超过 32 秒的病人不能用该设备进行测试。

让受试者站立到测量平台上并选择首个姿势。从获得界面左侧列表中选择首个姿势(NO)。然后在获得界面左侧顶部点击 Start(开始)按钮。系统发出"嘟"声说明已经开始测量。确保受试者保持该固定姿势 32 秒以上。

在 32 秒后,系统蜂鸣器及进度条将提示完成测量。再重复一次 NO 姿势

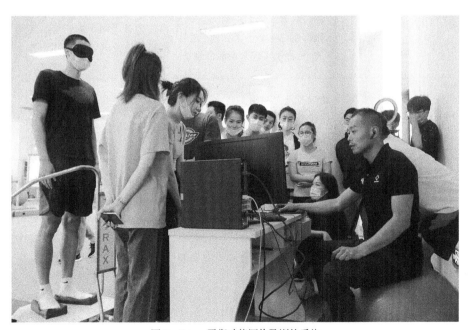

图 9　Tetrax 平衡功能评价及训练系统

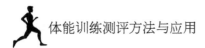

的测量,以确保受试者和操作人员已经理解整个测量过程。(由于上述要求,NO 姿势需被重复测量。两次测量中,仅第二次结果被保存)。受试者再次保持 NO 姿势并点击 NO 姿势按钮。点击 Start(开始)按钮,并保持该固定姿势 32 秒钟以上。获得界面将自动在 NO 姿势按钮前的选框内打钩,证明该姿势已经被测量过。

测量在"测量姿势"表内所列的每个姿势。对于每种姿势,受试者均应调整到正确位置并点选相应姿势按钮,然后点击 Start(开始)按钮。之后系统发出"嘟"声说明已经开始测量。确保受试者保持该固定姿势 32 秒钟以上。在 32 秒后,系统蜂鸣声及进度条将提示受试者已完成该姿势的测量。请注意,除了需要换上或移开脚垫的姿势外,在各个姿势切换间,受试者应继续站立在测量平台上。若受试者感到疲劳或压力,在继续测量前可以离开平台小坐片刻。

表 4　测试系统采用的用于 Tetrax 平衡测量的八种姿势表

代码	测试姿势	详细信息	指标解读
NO	睁眼,一般姿势,站立在固体表面上	受试者直立在平衡台上,面部朝前,双臂悬垂于两侧。应睁开双眼,注视一个小目标物。该目标物放置于平衡台对面的墙上	本测量姿势为基础姿势,并经常作为参考用于本姿势与其他测试姿势受试者情况的比较
NC	闭眼,一般姿势	受试者直立在平衡台上,面部朝前,双臂悬垂于两侧,受试者应闭合双眼	本姿势可揭示出受试者在稳定性方面关于视觉提示的影响
PO	睁眼,站立在脚垫上	受试者直立在平衡台上,脚下垫有泡沫橡胶脚垫。受试者面部朝前,双臂悬垂于两侧,睁开双眼,保持注视一个小目标物,该目标物放置于平衡台对面的墙上	泡沫橡胶垫减弱了用于控制平衡的本体感觉接受。若受试者在此测试过程中有困难,则可能是由于视觉问题导致的,比如当限制本体感觉接收后,视觉就变得更为重要

代码	测试姿势	详细信息	指标解读
PC	闭眼,站立在脚垫上	受试者直立在平衡台上,脚下垫有泡沫橡胶脚垫。受试者面部朝前,双臂悬垂于两侧,测试过程中闭合双眼	在本项测试中,受试者的视觉接受与体感觉接受都受到限制,引起前庭压迫。受试者若不能通过本项测试,通常说明受试者的前庭功能较弱
HR	闭眼,头转向右侧	受试者直立在平衡台上,双臂悬垂于两侧,测试过程中闭合双眼,头部向右侧旋转45°	
HL	闭眼,头转向左侧	受试者直立在平衡台上,双臂悬垂于两侧,测试过程中闭合双眼,头部向左侧旋转45°	一般情况下,正常人本姿势与前项姿势参数是相等的。任一参数间的差异或偏差可能预示有问题
HB	闭眼,头向后仰30°	受试者直立在平衡台上,双臂悬垂于两侧,测试过程中闭合双眼,头部向后仰大约30°	本姿势对于中枢神经与前庭颈紊乱特别敏感。在本姿势测试中,当测试对象的头部后仰时,其身体平衡控制很大程度上依赖于低位背部与低位脊椎骨的作用
HF	闭眼,低头前倾约30°	受试者直立在平衡台上,双臂悬垂于两侧,测试过程中闭合双眼,头部低下约30°。	本姿势显示出颈部压迫问题。在本姿势测试中,当测试对象的头部低下前倾时,其身体平衡控制很大程度上依赖于高位脊椎骨与颈部的作用

　　静态平衡与稳定能力测试参数包括稳定性指数、姿势摆动频谱即体重分布。稳定性指数:反映测试对象的整体稳定性,数值越大表示稳定性越差。

　　姿势摆动频谱:根据姿势摆动的频率分为8个基本频率段(表5),输出数值反映测试对象在不同频率范围下姿势摆动的强度;

　　体重分布:以百分数的形式表达,异常数值可能与骨科或神经问题相关。

表5   Tetrax 姿势摆动频率分级及意义表

频段	姿势摆动频率	意义
F1	0.01~0.10 Hz	异常高值与视觉功能障碍相关
F2	0.10~0.25 Hz	异常高值与外周前庭障碍相关
F3	0.25~0.35 Hz	
F4	0.35~0.50 Hz	
F5	0.50~0.75 Hz	异常高值与体觉功能障碍相关
F6	0.75~1.00 Hz	
F7	1.00~3.00 Hz	异常高值与中枢障碍相关
F8	≥3.00 Hz	

包括:LEFT%:分配在左侧肢体的体重百分比,正常为50%;HEEL%:分配在脚跟板块(身体后部)体重百分比,正常为50%。

ST定量反映静态平衡功能状态和姿势控制能力,其数值越高,说明测试对象的姿势不稳定性越大;姿势摆动频谱是姿势摆动强度随摆动频率变化的规律,通过频谱分析不仅可以反映受试者姿势控制和代偿能力,而且可以确认不同器官或神经信息传递过程对平衡功能的影响;体重分布反映体重在双侧足底及脚跟或脚趾之间分配的比率,正常人每个力台的体重分配接近25%,单侧肢体(LEFT%)、脚跟或脚趾(HEEL%)体重分配均近似为50%,异常数值可能与骨科或神经问题相关。与其他平衡评定方法比较,Tetrax测试系统所获得的测试数据更为全面:除了传统的稳定性测量外,还能得到包括傅立叶转换、体重分布和同步性等姿态控制相关指标,较单纯的静态和动态平衡仪有着独特的优势。

跌倒风险评估、一般稳定性、体重百分比与体重分配和谐度、脚跟与脚趾间压力同步性模式和姿势摆动傅立叶转换等各项与平衡有关的指标均提供正常值、被测者的结果及标准差数值。

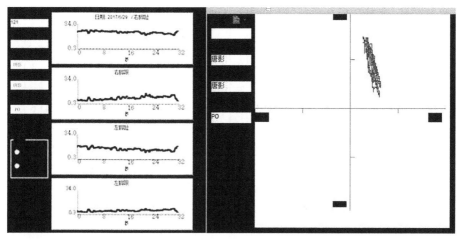

图 10 PO 姿势下四点压力分布图　　　　图 11 PO 姿势下中心轨迹分布图

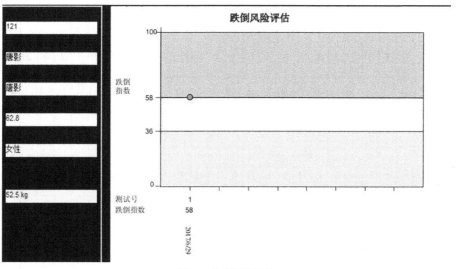

图 12 跌倒风险评估

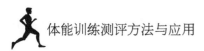

测试数据分析

表 6　青年男子静态平衡与稳定能力测试结果　（N=30）

姿势	NO			NC			PO			PC			HR			HL			HB			HF			ST
	L	H	W	L	H	W	L	H	W	L	H	W	L	H	W	L	H	W	L	H	W	L	H	W	
	49	43	5	49	42	5	47	37	7	50	39	6	50	40	6	49	41	6	49	39	7	49	44	6	25
	3	8	3	3	8	3	10	8	4	3	6	3	3	8	3	4	9	3	4	8	3	4	10	3	18

表 7　青年女子静态平衡与稳定能力测试结果　（N=28）

姿势	NO			NC			PO			PC			HR			HL			HB			HF			ST
	L	H	W	L	H	W	L	H	W	L	H	W	L	H	W	L	H	W	L	H	W	L	H	W	
	50	47	5	51	46	4	50	35	8	50	35	8	52	46	5	50	46	5	51	44	5	50	51	4	28
	2	9	3	3	7	3	3	7	3	4	6	3	4	8	3	3	8	3	3	7	3	2	4	2	24

表 8　老年男子静态平衡与稳定能力测试结果　（N=45）

姿势	NO			NC			PO			PC			HR			HL			HB			HF			ST
	L	H	W	L	H	W	L	H	W	L	H	W	L	H	W	L	H	W	L	H	W	L	H	W	
	50	40	6	51	42	5	51	35	8	50	35	8	51	40	6	51	41	6	52	40	6	51	44	5	21
	3	8	3	3	8	3	3	7	3	4	8	4	4	7	2	4	7	2	4	7	2	5	7	2	12

表9　老年男子静态平衡与稳定能力测试结果　（N=50）

姿势	NO			NC			PO			PC			HR			HL			HB			HF			ST
	L	H	W	L	H	W	L	H	W	L	H	W	L	H	W	L	H	W	L	H	W	L	H	W	
	49	45	6	48	45	6	50	37	8	49	38	8	49	44	6	47	44	6	49	40	6	48	47	6	34
	3	11	3	4	10	3	4	11	3	4	10	3	4	11	4	5	9	3	4	8	3	5	10	3	23

L:LEFT　H:HELL　W:WDI

（四）动态平衡与稳定能力测试

步骤:按照图示顺序,布置11个边长为2.5厘米的正方形。受试者双手叉腰,一条腿从一个正方形跳到下一个正方形。落地时,受试者目视前方,不能移动支撑腿,保持5秒后再跳向下一个正方形。

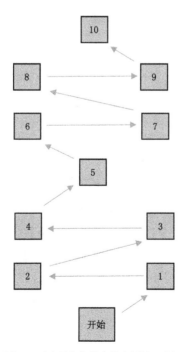

图13　动态平衡与稳定能力测试示意图

受试者在跳向下一个正方形前保持动作时,应大声数5秒。

评分标准如下:

1.有落地模式错误和平衡控制错误两种错误类型。

表10　动态平衡与稳定能力测试错误类型

落地模式错误	平衡控制错误
脚没有覆盖胶带	手离开髋部
脚尖没有朝向结束方向	测试腿过屈、过伸和过度外展
落地后脚移动	非测试腿参与支撑

2.在每个5秒期间出现落地错误记10分,出现平衡错误记3分。二者合计为总得分。

3.多次单足跳测试(改良BASS测试)常模。

表11　多次单足跳测试常模

失误	平均值(标准差)
落地模式错误	7.3±5.9
平衡控制错误	43.7±23.3

(五)星型偏移平衡测试

测试目的:测试人体动态平衡能力。

测试原理:星型伸展平衡测试(Star Excursion Balance Test,简称SEBT)是Gary在1995年提出的一个新型、可靠的人体动态平衡功能的评价方法。Goldie(1989)将"动态姿势稳定"定义为人可以倾斜或者伸远,但是不能移动脚,同时保持平衡。在星型偏移平衡测试中,一方面要保持重心稳定,另一方面非支撑腿还不能失去平衡,由于受试者在星型偏移平衡测试中最大程度的伸远,因此,星型偏移平衡测试可检测受试者最大程度的伸远距离,挑战了平衡极限,能在很大程度上反映动态姿势平衡能力。

测试仪器:多项功能性测试圆盘、皮尺、记号笔、笔记本。

图 14　星型偏移平衡测试示意图

1.测试方法

(1)受试者平躺,测量全腿长度(髂前上棘下缘至胫骨内踝下端的距离)。所有受试者的腿长测量工作均由同一名工作人员完成。

(2)所有受试者在 8 个方向上都进行每侧都进行练习 3 次,然后休息 5 分钟,准备正式开始测试。

(3)测试时,受试者双手叉腰两脚并拢,两手叉腰,挺胸抬头,两眼平视前方。支撑脚的中心与皮尺零点重合,第二足趾与正前方重合对齐,并始终保持与地面完全接触。受试者单腿站立于 8 点星形图的中央,用非支撑腿分别向间隔45°的 8 个方向尽可能远地伸远(见图 14)。这 8 个方向分别是:前(anterior,ANT)、外前(anterolateral,ALAT)、外(lateral,LAT)、外后(posterolateral,PLAT)、后(posterior,POST)、内后(posteromedial,PMED)、内(medial,MED)、内前(anteromedial,AMED)。

(4)所有受试者都先以右腿为支撑腿开始测试,完成所有 8 个方向的三组测试后,休息 5 分钟,再换左腿支撑进行测试。两腿测试时均以 12 点方向为起点,左腿支撑时,以逆时针方向进行测试;右腿支撑时,以顺时针方向进行测试。每次移至下一方向前都需要将伸远腿移回圆心,恢复到双脚站立,并休息3秒,以免影响身体平衡,降低测试的准确性。

(5)记录受试者每一次到达星形偏移平衡图谱上的刻度,重复测试3次,取平均数进行数理统计。

2.注意事项

(1)当测试"外"和外后方向时,受试者应将测试腿绕到支撑腿后方来完成动作。

(2)每组之间至少休息5分钟,以保证受试者得到了充分恢复。

(3)当对侧脚伸至最远处轻触地面时应尽量轻,以免改变支撑重心。

(4)测试者无论在哪个点测试,身体始终保持正直,并始终面向引导者。

3.以下情况数据无效,应予以重测

任何情况下受试者的伸远腿参与支撑、身体重心失去平衡、支撑腿从圆心移开或偏离圆心、保持开始和结束姿势短于1秒、身体直立位发生变化(前屈、后伸、侧屈等)、受试者在测试过程中感到疲劳。

4.评定方法与主要测试指标

在各方向上用脚能够到最远的部分轻触一下,用伸出的远度与下肢长度(全腿长)之间的比值作为评价动态平衡能力的指标。

表12 星型偏移平衡测试主要测试指标结果(N=128)

核心力量训练组	ANT	ALTA	LAT
左腿支撑	75.87±1.94	70.77±1.75	61.57.37±2.35
右腿支撑	78.27±1.65	73.73±1.86	64.40±2.84

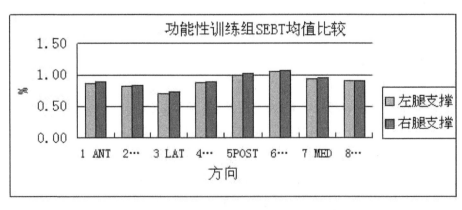

图15 功能性训练组星型偏移平衡测试均值比较

四、应用篇

动态平衡测试与功能性训练在高水平游泳运动员中的应用

在很多运动中,良好的平衡能力对动作控制与运动表现的提高起着关键作用,若不能在动态的运动环境中保持相对的稳定与平衡,就会对运动成绩造成负面的影响,当然,不同项目对平衡稳定能力的要求也不尽相同。

游泳是在水中不稳定状态下进行的一项无固定支撑的运动,主要依靠运动员自身协调发力以及控制身体平衡的能力,在水中向前游进或转体。对游泳运动员动态平衡能力进行有针对性的测试,并根据测试结果进行个性化的训练干预,对于其正确掌握臂腿配合技术,增强划水与打水的效果,减少身体迎面阻力起着至关重要的作用。笔者在2012~2013年"十二运"担任天津游泳队体能教练期间,对天津市游泳队20名优秀运动员运用LCD三维测试系统测试受试者的动态平衡与协调能力,客观评定受试者的平衡能力。

表 13　评定受试者平衡能力的指标及其意义

指标名称	指标意义
绿色区得分	受试者通过观察屏幕上的游标位置,在核心区充分保持稳定的前提下,克服圆盘晃动的同时双手收拉机器上的弹力管来提高游标在区域内的有效时间。本项指标是评定受试者神经肌肉控制能力以及身体控制能力的重要指标。
协调性测试	协调性测试由测试报告中坐标轴的蓝色区域显示,是受试者身体控制能力的重要体现。根据总体振幅大小来评定受试者的协调能力。蓝色区域面积越小,越贴近 Y 轴,相应的分越高,表示受试者协调能力较强;蓝色区域面积越大,越远离 Y 轴,相应的分越低,表示受试者协调能力较差。

续表

指标名称	指标意义
失衡百分比	在测试报告中体现为数轴纵轴绿色标志线。根据受试者不平衡情况的差别,绿色标志线在纵轴的左右侧偏差也不尽相同。绿色标志线越贴近纵轴,表明受试者不平衡百分比越低,相应的得分也就越高;绿色标志线越远离纵轴,表明受试者不平衡百分比越高,相应的得分也就越低。此指标表现受试者全身总体振幅的大小,在评定游泳运动员专项身体平衡时有很大意义。
稳定性结果	由测试报告中的雷达图显示。蓝色区域面积越小,得分越高,表明受试者稳定性越强;蓝色区域面积越大,得分越低,表明受试者稳定性越弱。雷达图中红色标记点是系统通过一分钟测试后计算得出重心的偏向位置。是稳定性结果评定受试者整体稳定性的分布,能直观地体现受试者重心的稳定。
平衡分布	平衡分布是受试者整体平衡分布的直观体现。平衡分布的计算公式是:(左侧/右侧%+前侧/后侧%)/2

　　测试结果与运动员的水平呈较高程度的相关性,水平较低的运动员,稳定性和协调性的测试得分较低,而重点运动员的测试得分总体偏高,该测试体现了游泳水平等级的专项特征。笔者将运动员分为体能组和普通组,体能组采用结合游泳专项的功能性训练法如瑞士球肘撑、球上俯卧撑、挺身、反向挺身、屈髋屈膝俯卧撑、屈膝转髋回拉球组合、单腿支撑外展、仰卧侧屈触够、俯卧单腿直腿转髋、俯卧曲臂转肩、俯卧直臂转肩组合等练习方法,普通组运动员训练方法按照原计划进行训练。8周后进行复测,体能组通过功能性训练,增强了脊柱的稳定性,平衡、协调和灵活能力得到提高,身体不良姿势得到改善,训练收到了良好的效果,专项成绩也随之提升。由此可见,非线性动态平衡与协调能力测试在评定游泳运动员动态平衡能力中有较高的信度。

表 14　优秀游泳运动员实验组与对照组功率输出阶段身体平衡能力分析

测试指标	幅度一		幅度二		幅度三	
	实验组	对照组	实验组	对照组	实验组	对照组
绿色区得分	93.60±4.12	84.20±3.36	93.60±4.12	74.40±9.44	56.00±21.02	32.00±8.01
协调性测试	81.10±10.14	75.00±11.52	81.10±10.14	47.20±15.45	59.00±26.82	32.70±8.50
失衡百分比	97.20±1.40	93.00±1.70	97.20±1.40	92.60±2.67	94.00±3.89	86.64±3.75
稳定性结果	52.10±12.68	49.30±10.18	52.10±12.68	19.70±10.92	24.10±15.31	13.80±5.51
平衡分布	91.40±3.98	85.70±7.65	91.40±3.98	79.10±5.90	77.80±27.53	65.10±10.65

　　为多维度检测该测试方法的信度和效度,将此测试方法应用到青少年女子赛艇运动员的选材测试与普通大学生动态平衡能力的评定中,可较为直观地体现受试者动态平衡与协调能力。

表 15　青少年女子赛艇运动员动态平衡与协调能力动态平衡与协调能力测试结果(N=46)

绿色区域得分	协调性测试	不平衡百分比	稳定性结果	平衡分布	总分
83.73±13.38	84.36±5.66	96.64±4.30	18.91±8.34	90.37±3.88	74.86±6.42

表 16　普通大学生动态平衡与协调能力测试结果(N=226)

绿色区域得分	协调性测试	不平衡百分比	稳定性结果	平衡分布	总分
67.87±20.98	76.17±12.45	93.40±5.78	15.17±9.29	91.50±4.36	68.82±8.34

动态实时监控测试

使用者: LMY2003

日期: 2020-06-15 03:13

幅度: 2

灵敏度: 1

结果: 79.4/100

绿色目标成绩 486/500   = 97 分
协调性测试结果   = 90 分
不平衡为 50%   = 100 分
稳定性测试结果   = 25 分
平衡分布   = 85 分

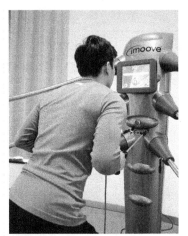

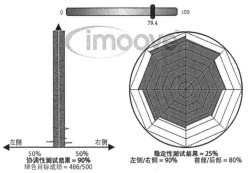

50%   50%
协调性测试结果 = 90%
绿色目标成绩 = 486/500

稳定性测试结果 = 25%
左侧/右侧 = 90%   前部/后部 = 80%

图 16   动态平衡与协调能力测试示意图

第五章 速度与灵敏

一、速度

速度素质是人体进行快速运动的能力或用最短的时间完成某种运动的能力。影响速度的因素有人体的形态、神经活动过程的灵活性、肌纤维类型、力量水平、感受器的敏感程度、身体用力的协调性以及受试者年龄、性别、运动年限和熟练程度等因素。

在实践中,速度是指身体在最短时间内到达特定目的地的能力,在不考虑改变方向的前提下,速度(speed)与速率(velocity)是相同的。在完成全程跑动距离的过程中,速度的产生和保持并不是一成不变的,因此在进行速度能力实验测评中,我们可以将其划分为不同的阶段进行评定。第一个阶段是加速阶段或称为加速至最大速度的速度转化阶段。第二个阶段是速度保持阶段,加速阶段与最大速度阶段的测试距离因全程距离不同而有所差异。由于在全力奔跑时会出现加速或减速情况,所以速度测试本身实质上为我们提供的信息是"平均速度"。由于我们不能长时间保持最大速度,所以速度测试的全程必须小于 200 米,一般速度测试的全程速度要小于等于 100 米。因此在测试距离的选择上,要避免明显的速度下降和减速情况的出现。

速度素质可进行如下分类:

(一)位移速度素质

位移速度素质是指在周期性运动中, 单位时间内人体快速移动的能力。例如 30 米跑和 50 米跑等。

(二)动作速度素质

动作速度素质是指人体完成单个动作或成套动作的快慢以及单位时间

内重复动作次数多少的能力。例如篮球运动员投球的出手速率、投掷运动员掷出器械的速度、体操运动员完成成套动作的速度等。

（三）反应速度素质

反应速度素质是指人体对各种信号刺激（如声、光、触等）的快速应答能力。例如速度滑冰运动员看信号闪烁快速起跑、短跑运动员听到枪声从快速反应到启动、游泳运动员受到信号灯和发令枪的双重刺激后快速出发的能力。

二、灵敏

灵敏素质是指人体在各种突然变化的情况下，能够快速、协调、灵敏、准确地完成动作的能力，一般被定义为快速变向的能力。灵敏是人体的运动技能、神经反应和各项身体素质在运动中的综合体现。影响灵敏素质的因素有受试者大脑皮质神经过程的灵活性、本体感受器与前庭分析器的机能、疲劳程度、身体形态、运动年限、年龄及性别等。

三、速度与灵敏主要测试

表 1　速度与灵敏主要测试

测试项目	测试目标
上肢灵敏测试	加减速能力、多方向变化协调能力和专注优化决策能力
3 锥桶测试	移动能力、多方向的速度变换及身体控制能力
4 锥桶测试	向前加速、侧向滑步、后撤步与不同方向的变向能力
"A"测试	前冲步、侧并步、交叉步和后撤步间速率转换和变向能力
"Y"测试	攻防转换，掩护、折返专项动作，直线加速、侧身曲线跑和重心转移能力
扇形跑测试	前撤交叉步、垫步等专项步伐，直线加速和随机反应
星形跳测试	不同方向跳跃能力，多方向力量与速度
多维旋转测试	空间感知能力，不同形式转髋与专项交叉步伐
伊利诺伊测试	直线加速、转身、侧切等步伐，重心变化和多方位变向能力
区间加速度测试	直线冲刺和不同距离的加速能力

(一)上肢灵敏测试

该测试可有效捕捉到反应时间、速度和敏捷性,评估受试者加速减速能力、多方向变化协调能力和专注优化决策能力。实时评估功能还可以有效帮助评估受试者手、眼、身体和大脑的灵敏与协调能力,分析他们的运动表现,监测运动水平的进展,并在训练中给予有效反馈。上肢灵敏测试可采取内置的随机测试模式,也可以通过不同的训练项目和测试目的进行自定义设置,将 LED 驱动灯粘贴在墙壁上,测试开始时,LED 灯随机闪动,要求受试者触碰亮点,以解除或切换灯光为目标。

(二)3 锥桶测试

测试目的

3 锥桶测试时经典的速度灵敏测试方法,主要应用于橄榄球、手球等项目,可反映出受试者下肢移动能力、多方向的速度变换及身体控制能力。测试时要求受试者在固定路线内尽可能快地完成全程。可对测试全过程进行录像,回看受试者改变方向时的动作模式,分析提高专项动作效率。

测试设备

标志物、秒表、卷尺。

测试方法

1.布置测试场地。使用胶带画出起点(终点)线,并将锥桶 A 置于上方,将锥桶 B 放置于锥桶 A 正前方 5 米处,锥桶 C 在锥桶 B 左侧 5 米处,使三个锥桶形成倒"L"形。

2.受试者充分热身。准备活动完成后请受试者站在起点处。

3. 测试人员向受试者讲解测试规则和路线:"准备姿势为双脚与肩同宽、膝盖略微弯曲、一只脚站在起跑线上,当听到出发口令时,冲刺至锥桶 B 并用右手触摸,然后快速转身跑回锥桶 A 并用右手触碰。接着冲刺到锥桶 B,在锥桶 B 外侧转向跑到锥桶 C,在锥桶 C 处沿外圈转一圈跑回锥桶 B,在锥桶 B 外侧转向跑回锥桶 A。"

4.受试者熟悉测试路线,并做 2~3 次的试跑。

5.受试者开始测试,测评人员记录完成时间。

6.受试者完成初始测试后,回到起始位置并放松,然后再进行两次测试,

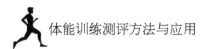

每次测试之间间隔三到五分钟。取三次测试中成绩最好的一次或者平均值为最终成绩;如果受试者撞倒锥桶,则停止计时并重新测试。

图1-3　3锥桶测试示意图

测评人员:可以改变测试的起始姿势或者携带道具进行测试,在三锥桶灵敏测试中通常设置的都是向右转向,可以将其改成向左转向。此外,还可以增加一些信号对受试者的反应能力提出新的要求。

(三)4锥桶测试

测试目的

受试者通过按照规定路线进行向前冲刺、侧向移动和后退跑,测评人员记录受试者在不同阶段完成时间进行对比分析**4锥桶测试**结果反映受试者下肢移动能力、灵活性、多方向变相移动与控制重心的能力。

测试器材

锥桶、胶带、计时器、卷尺。

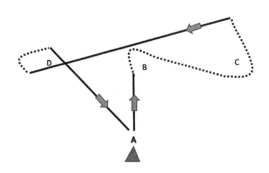

图4　4锥桶测试场地示意图

测试方法

1.布置测试场地：使用胶带标记出起、终点（A 点），并将锥桶置于上方，在锥桶 A 正前方 5 米处放置锥桶B，在锥桶 B 左右 5 米处分别放置锥桶C、D。

2.受试者充分热身。准备活动完成后请受试者站在起点处。

3.测评人员讲解测试路线：准备姿势为双脚与肩同宽、膝盖略微弯曲站在线后，一只手触碰标志桶，手离开标志桶后开始计时，受试者冲刺到 B 点，顺

图5-14 4锥桶测试示意图

时针绕过锥桶 B 后,侧向滑步至 C 点,顺时针绕过锥桶 C 侧向滑步至 D 点,顺时针绕过 D 点后以最短路线后撤步返回 A 点。C、D 两点呈八字绕,测试过程中受试者始终面朝前方。

4.受试者熟悉测试路线,并做 2~3 次的试跑。

5.受试者开始测试,测评人员记录完成时间。

6.受试者完成初始测试后,让其回到起始位置并放松,然后再进行两次测试,每次测试之间间隔三到五分钟。取三次测试中成绩最好的一次为最终成绩。如果受试者未绕过标识、在交叉步时没有面向前方,则停止计时并重新测试。

(四)"A"测试

测试目的

"A"测试是专项速度与灵敏测试,主要通过对前冲步、侧并步、交叉步和后撤步间转换速率的快慢,来评估受试者移动速度、多方向变向能力、脚步技术的运用重心转换与控制的等多方面灵敏能力。

118

测试器材

锥桶、皮尺、秒表.

测试方法

1.布置测试场地,每个标志间各间隔5米,该测试共计40米(如图所示)。

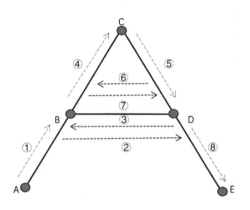

图15 "A"测试路线图

2.讲解测试路线:受试者准备姿势为双脚与肩同宽,膝盖略微弯曲站在线后,一只手触碰标志桶,手离开标志桶后开始计时,受试者直线加速至B并触摸标志物;从B点左腿前交叉步至D点并触摸标志物;从D点右腿前交叉步至B点并触摸标志物;从B点冲刺至C点并触摸标志物;从C点后退跑至D点并触摸标志物;从D点侧向滑步至B点并触摸标志物;从B点侧向滑步至D点并触摸标志物;从D点快速后退跑至E点,测试结束。

图16-24 "A测试"示意图

3.测试前,受试者要进行热身,熟悉脚步技术与测试路线 2~3 次。

4.准备活动结束后,受试者按照规定路线进行 3 次测试,取最快成绩进行记录,每次测试间休息 2~4 分钟。

5.测试时受试者始终面朝前方,未按规定路线跑动、未触摸标志物以及身体出现显偏转等情况,成绩不予记录。

(五)"Y"测试

测试目的

攻防转换,掩护、折返专项动作,测试距离为 52 米。测试球员直线加速、侧身曲线跑、摆脱掩护与行进间投篮等专项能力。

测试方法

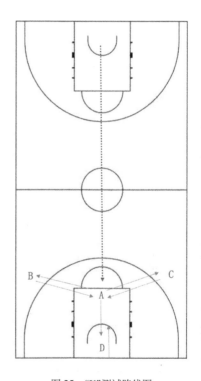

测试路线如图 25 所示,A 点位于罚球线中点,A 处放置两个篮球,B、C 两点分别位于三分线外约 45°位置,距离端线 8 米,距离边线 3 米,D 点位于篮筐圆心的投影点上。AB、AD、AC 每段均为 4 米。

1. 从一侧端线篮下位置出发开始计时,受试者冲刺至对侧罚球线,触及 A 点。

2.受试者向 B 点冲刺,绕过标志物后跑向 A 点捡起篮球,运球完成行进间投篮(未中篮,应补中)。

3. 受试者快速冲刺至罚球线后触及 A 点。

图 25 "Y"测试路线图

4.受试者向 C 点冲刺,绕过标志物后跑向 A 点捡起篮球,运球完成行进间投篮(未中篮,应补中),计时停止。

5.可进行补充测试:完成步骤 4 后,冲刺至起点处,端线折返后加速跑至 A 点,再次完成 1–4 的测试步骤。着重测评受试者攻防转换的能力。

表2 大学生男子篮球运动员"Y"测试成绩一览

场上位置	性别	样本数	Y 测试(秒)	补充测试(秒)
后卫	男	12	17.18±0.54	41.99±0.83
前锋	男	15	17.66±0.64	42.254±1.31
中锋	男	10	18.94±0.60	43.56±0.88

(六)扇形跑测试

测试目的

测试受试者灵敏反应、多方向速度变换及身体控制等能力。该测试结合网球专项动作技术和移动步伐,可作为网球项目专项测试。测试时要求受试者在固定路线内尽可能快地完成全程。可对测试全过程进行录像,回看受试者改变方向时的动作模式,分析提高专项动作效率。

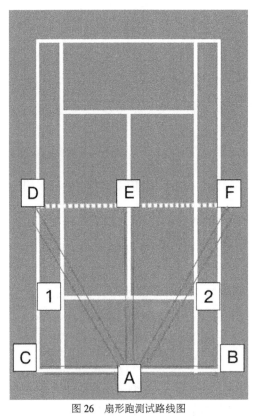

图26 扇形跑测试路线图

测试器材

标准网球场地、标志物、秒表。

测试方法

1. 场地布置如图26所示:起终点(A 点)位于端线中点,B 点和 C 点位于双打边线外延,D 点、E 点、F 点分别位于球网两端和中央,1、2 位于发球线两端。

2. 受试者在起点(A 点),身体面向球网,手持球拍,采用高姿起跑。

3. 测试开始后,受试者滑步跑至 B 点,触碰边线后,滑步经过 A 点后跑向C 点。返回 A 点时需进行分腿垫步再出发至下一目标位置。

4. 采用冲刺跑步伐从 A 点跑

至 D 点,触摸 D 点后,采用前撤交叉步返回 A 点,后撤时身体始终面朝球网方向。依次进行 E、F 点的触够。

5.当受试者从 F 点前撤交叉步返回 A 点的瞬间,测试人员随机喊 1 或 2,受试者由 A 点出发,根据口令跑向相对应的数字,触摸标志物后转身加速至 A 点,测试结束。

6.测试路线为 A—B—A—C—A—D—A—E—A—F—A—(1/2)

7.受试者完成初始测试后,让其回到起始位置并放松,然后再进行两次测试,每次测试之间间隔 3~5 分钟。取三次测试中成绩最好的一次为最终成绩。

8.出现如下情况则停止计时并重新测试:路线错误、没有按照规定步伐移动、球拍掉落、后退时没有面向前方、未触摸标志物等。

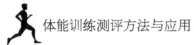

图 27-40 扇形跑测试示意图

(七)星形跳测试

测试目的

测试受试者多个方向的速度及跳跃过程中的身体控制能力,评估受试者步法,主要用于需要完成剪切步动作的运动项目中星型跳测试结果可反映出受试者下肢移动能力、多个方向的速度变换及跳跃过程中的身体控制能力。

测试设备

秒表、尺子、胶带、量角器。

测试步骤

1.布置测试场地。如下图所示,每条边长 60 厘米,每个夹角 45°,在中心标记出起终点。

2.受试者充分热身。

3.准备活动完成后请受试者站在起点(8 点星行图中央)。

4.讲解测试流程:受试者双手叉腰,双脚迅速跳过 8 点星行图的 A 边,然后在以相同的方式跳回到起点。按顺时针的方向不断重复这个过程,依次完成 B-H 点。顺时针、逆时针各一圈,共跳 2 圈,每次跳跃时都要面向前方。

5.受试者熟悉测试路线,并做 2~3 次的试跳。

6.受试者开始测试,测评人员记录完成时间成绩。

7.受试者完成初始测试后,让其回到起始位置并放松,然后再进行两次测试,每次测试之间间隔 3~5 分钟。取三次测试中成绩最好的一次为最终成绩。

8.出现如下情况则停止计时并重新测试:没有完全跳过边线、跳跃方式发生变化、没有面向前方、失去平衡等。

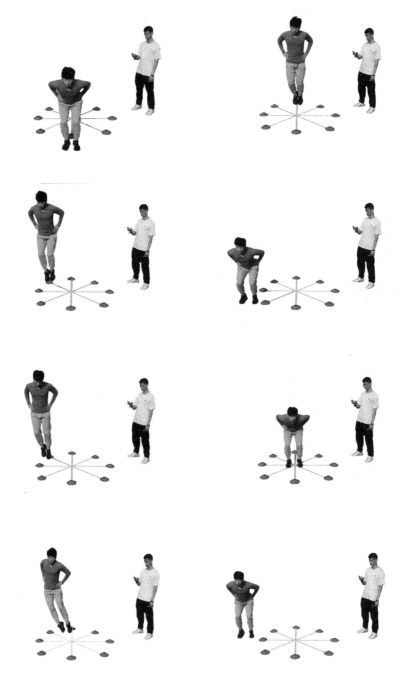

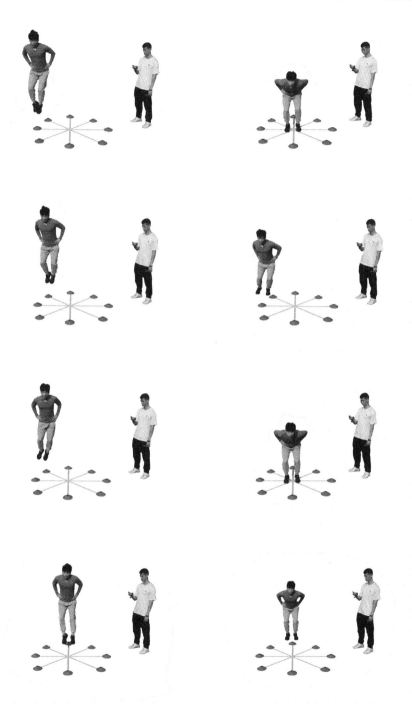

图 41-60　星型跳测试示意图

(八)多维旋转测试

测试目的

测试受试者在转换动作、变向和快速移动中,髋关节旋转灵活性、上下肢协调能力和速度灵敏功率的输出与保持能力,多维旋转测试可作为跆拳道的专项步伐测试。

测试器材

5米长的敏捷绳梯、秒表。

测试方法:

1.讲解测试动作和路线

(1)前交叉步向前(Carioca Forward)

受试者身体正面前方,两脚位于绳梯右侧。测试开始后,受试者髋内旋,右脚迈入第一个格子内,左脚踏向第一个格子外左侧,右脚在格子内做一个小垫步后,左脚踏入第二个格子内,右脚踏向第二个格子的左外侧,左脚在格子内做一个小垫步,重复上述步骤,前进直至梯子尽头。

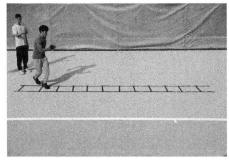

128

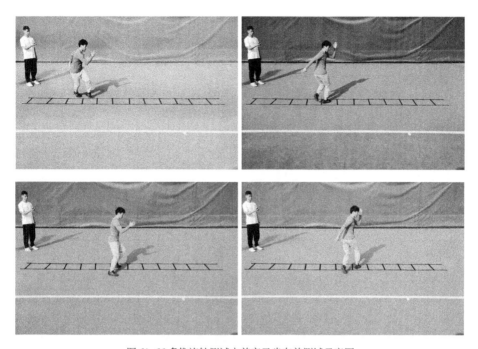

图 61-66 多维旋转测试中前交叉步向前测试示意图

（2）后交叉步向后（Cross Behind Backward）

前交叉向前结束后受试者髋关节迅速外旋，右脚后撤，迈入倒数第一个格子内，左脚后撤踏向第一个格子外左侧，右脚在格子内做一个小垫步后，左脚踏入倒数第二个格子内，右脚踏向倒数第二个格子的左外侧，左脚在格子内做一个小垫步，重复上述步骤，前进直至梯子尽头。

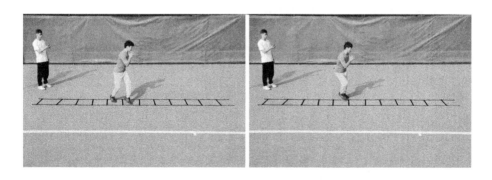

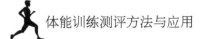

图 67-72　多维旋转测试中后交叉步向后测试示意图

(3)后交叉步向前(Cross Behind Forward)

后交叉向后结束后,受试者髋关节迅速外旋,右脚后撤,迈入第一个格子内,左脚后撤,踏向第一个格子外左侧,右脚在格子内做一个小垫步后,左脚踏入第二个格子内,右脚踏向第二个格子的左外侧,左脚在格子内做一个小垫步,重复上述步骤,前进直至梯子尽头。

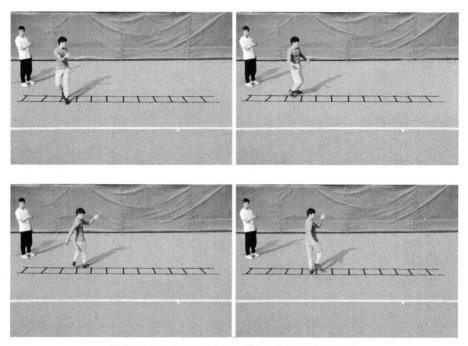

图注 73-78　多维旋转测试中后交叉步向前测试示意图

(4)前交叉步向后(Carioca Backward)

受试者后交叉向前至绳梯末端后,髋关节迅速内旋,右脚后撤,迈入倒数第一个格子内,左脚后撤,踏向第一个格子外左侧,右脚在格子内做一个小垫步后,左脚踏入倒数第二个格子内,右脚踏向倒数第二个格子的左外侧,左脚在格子内做一个小垫步,重复上述步骤,前进直至梯子尽头。测试结束。

图注 79-84 多维旋转测试中前交叉步向后测试示意图

2.受试者熟悉路线后进行初始测试。放松后,然后再进行两次测试,每次测试之间间隔 3~5 分钟。取三次测试中成绩最好的一次为最终成绩。

3.出现如下情况则停止计时并重新测试:路线错误、踩到绳梯、没有按照规定步伐移动等。

(九)伊利诺伊测试

测试目的

伊利诺伊测试是速度灵敏经典测试方法之一,可反映出受试者下肢移动能力、灵活性、多方向变相移动与控制重心的能力。伊利诺伊测试可对直线冲刺和改变方向时使用的技术和速度进行评估。

测试设备

锥筒、皮尺、秒表、垫子。

测试方法

1.布置测试场地。

2.测试路线:受试者以俯卧姿势与起跑线锥筒 A 旁,肘部伸直,从额头离

图注85-90　伊利诺伊测试示意图

开垫子时开始计时；受试者站起后尽最大速度跑至位于直线远端的圆锥体 B 并绕过该圆锥体后转身跑，之后在中间部分的一系列圆锥体中按既定路线"1—2—3—4—3—2—1"呈蛇形跑动，绕过锥桶 4 后冲刺至圆锥体 C 并绕过该圆锥体后尽最大速度跑至终点圆锥体 D，计时结束。

3.准备活动:受试者熟悉测试路线 2~3 次。

4.准备活动后休息 2~4 分钟。

5.进行测试,测试三次,记录完成时间,取最优值进行分析。

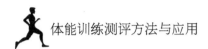

6.整理活动:测试结束后,受试者进行放松活动2~3分钟。

7.伊利诺伊测试结果相关标准

表3 伊利诺伊测试结果相关标准

男子		女子	
时间(秒)	得分	时间(秒)	得分
<16.2	100	<18.0	100
16.2~16.7	95	18.1~18.6	95
16.8~17.3	90	18.7~19.2	90
17.4~17.9	85	19.3~19.8	85
18.0~18.5	80	19.9~20.4	80
18.6~19.1	75	20.5~21.0	75
19.2~19.7	70	21.1~21.6	70
19.8~20.3	65	21.7~22.2	65
>20.4	60	>22.3	60

(十)区间加速测试

测试目的:

利用红外线原理对运动员速度和灵敏训练进行分段计时,测试数据可精确到1毫秒,这可为科研人员提供更有价值的数据。科研人员可以进行线性-非线性速度、灵敏反应素质测试,同时可以根据专项需求,自主设置测试流程,自定义创建测试方法及刺激方式,测试不同区间受试者加速度,如Yo-Yo测试、滴声测试、间歇往返跑测试、视觉刺激灵敏测试。

区间加速测试可与测力台和三维动作解析系统相结合,对不同运动项目间受试者步长、步频、足底压力等力量速度结合的生物力学和运动学特征进行分析。

测试设备

分段计时装置(或秒表)、起跑器。

测试方法

1.连接加速度测试器,红外线门两两相对,间隔1.22米,置于跑道两侧。

设置起点、加速和终点区域。

2.起点(0 米)、10 米、20 米、30 米和终点(40 米)每隔 10 米设置一组红外线门,共计 5 组红外线门,分段记录受试者启动加速至最大速度冲刺中不同阶段的时间。

3.受试者测试前进行 15~20 分钟的专项热身练习。热身结束后穿短跑钉鞋,踩起跑器进行起跑练习,之后开始正式测试。

4.受试者以最快速度完成 40 米的冲刺跑,从反射门之外的区域返回,充分休息。每名受试者测试 3 次,取最好成绩。

图 91-92　区间加速测试示意图

5.为了得到最准确的结果,将红外线光束设置在运动员的腰带高度。这个高度足够高,受试者的腿不会折断红外线光束。受试者摆动的手臂和手足够低,不会过早地折断红外线光束。

测试指标

1.本测试共设置 4 个加速度计时点,起点至 10 米红外线光门为第 1 计时点,10 米至 20 米红外线光门为第 2 计时点,以此类推。

2.将处理好的数据填入到下列表格中。

表 4　区间加速度测试数据记录表

受试者	第 1 计时点	第 2 计时点	第 3 计时点	第 4 计时点	总时间
1					
2					
3					
4					
5					

四、应用篇

测试项目的选择和测试方案的设计是速度灵敏测试的重要环节,上文所列的测试方法并不能涵盖所有速度灵敏测试的专项化需求。

针对高水平短跑运动员来说,起跑加速、最高速度、速度保持和冲刺的每一个阶段都需要对其进行精确的数据化分析。在实际应用中,可根据运动员特点自主设计测试流程和点位距离。例如,在 100 米专项测试中,每间隔 10 米放置一组红外线光门,运动员以比赛强度进行测试。根据测试数据绘制 10 米间隔的速度曲线, 测试结果可清晰地显示运动员不同区间的速度能力,教练员可根据易降速区间开展有针对性的速度提升练习。

当然,除田径运动中主要表现运动员的速度能力外,大多数项目的运动员都须具备速度灵敏等多种运动能力。因此,体能教练要多维度选择测试方案对运动员进行全面的评估。

灵敏测试要充分考虑项目的专项技术特点, 比如,"髋关节旋转灵敏测试"就很适合跆拳道运动员。在跆拳道进攻、防守和由守转攻中,专项鞭腿与移动步伐都需要髋关节在多平面具备很强的灵活性与旋转能力。"A"测试对于橄榄球运动来说是一个很好的专项测试方案,主要通过对前冲步、侧并步、交叉步和后撤步间转换速率的快慢,来评估运动员在贴近比赛的环境中的速度灵敏能力,这与橄榄球运动中的"启动-制动-速度"、多方向变换、脚步技术的运用和重心转换与控制等技术动作较为相似。"扇形跑测试"包含了分腿垫步、交叉步、向前冲刺、后撤交叉步和直线冲刺等步伐,这与网球比赛中上网、网前劫击、后撤高压、底线移动、加速回底线等技术动作相近,在实际应用中,可作为网球运动员的专项测试方案。

除了在测试项目的选择上要与专项运动贴合,测试方案的设计也要考虑不同项目中,受试者左右两侧的差异性。在篮球、足球和排球等适合短距离加速变向的项目中,可对运动员进行"下肢灵敏差异性测试"(Rigth–Left–Deceleration,简称 R–L–D),通过对比分析整体测评和左右差异性测评的完成时间,综合评估受试者在多方向变相移动和重心转移时,左右腿减速制动与启动加速转换衔接的能力以及左右侧的差异性。

布置测试场地。使用胶带或涂料制作三条足够长的平行线,每条平行线之间的距离为 5 米,并在每个平行线末端放置圆锥或标志物。如图所示:

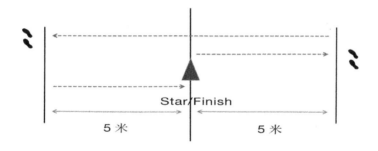

图 93　下肢灵敏差异性测试场地布置示意图

1.**整体测试**:准备姿势为双脚与肩同宽、膝盖略微弯曲站在起点位置,单手触摸锥桶。受试者手离开锥桶时开始计时。受试者向右转身冲刺,临近边线时身体面朝前方采取右腿制动,直到双脚踏过边线后,向左转身冲刺越过中线,临近边线时身体面朝前方采取左腿制动,双脚踏过左边边线,最后转身冲过中线以完成测试。记为 T1。

图 94-99　下肢灵敏差异性测试之整体测试示意图

2.右腿制动测试：准备姿势同上。受试者向右转身冲刺,临近边线时身体面朝前方采取右腿制动,直到双脚踏过边线后,向左转身冲刺越过中线,临近边线时旋转180°用右腿进行制动,双脚踏过左边边线,最后转身冲过中线以完成测试。记为T2。

图 100-107　下肢灵敏差异性测试示意图

3.左腿制动测试:准备姿势同上。受试者向左转身冲刺,临近边线时身体面朝前方采取左腿制动,直到双脚踏过边线后,向右转身冲刺越过中线,临近边线时旋转180°用左腿进行制动,双脚踏过右边边线,最后转身冲过中线以完成测试。记为 T3。

图 108-115　下肢灵敏差异性测试之左腿制动测试

表 5　下肢灵敏差异性测试数据记录表

	整体测试(T1)	右腿制动测试(T2)	左腿制动测试(T3)
受试者 A			
受试者 B			

将测试数据填入如下记录表：

对测试结果进行分析,如果 T1、T2、T3 间成绩差异≤5%,提示测试结果为阴性,属于允许范围;T2、T3 成绩差值>5%,提示测试结果为阳性,运动表现差异较为明显,存在损伤风险;T2、T3 成绩差值>10%,提示测试结果为阳性,存在损伤高风险,需有针对性地加强弱侧灵敏性练习。

表 6　运动训练不同专项学生 R-L-D 灵敏差异性测试整体测评百分等级

项目 等级%	女子排球	女子篮球	女子足球	男子篮球	男子棒球	男子网球
90	4.86	4.79	4.99	4.33	4.36	4.32
80	4.95	4.94	5.07	4.40	4.47	4.42
70	4.91	4.98	5.14	4.46	4.52	4.49
60	5.02	5.06	5.21	4.50	4.57	4.55
50	5.12	5.18	5.28	4.52	4.61	4.63
40	5.19	5.22	5.35	4.55	4.66	4.70
30	5.28	5.26	5.44	4.60	4.72	4.77
20	5.34	5.35	5.51	4.62	4.80	4.87
10	5.42	5.49	5.55	4.72	4.87	5.00
Mean	5.12	5.14	5.28	4.52	4.62	4.64
SD	0.20	0.22	0.20	0.12	0.16	0.22
n	75	63	35	136	35	158

相关人员可根据本章测试内容,结合专项需求或测试目标进行修改,以便获得更加精确详细的测试信息,并根据测试获得的信息设计精准的训练计划。

第六章　力量与功率

一、影响力量功率产生的因素

影响骨骼肌产生力量的因素包括收缩类型、肌肉结构、肌纤维类型、收缩过程和神经控制。

（一）收缩类型

相关研究结果显示，离心收缩产生的力要远远大于向心收缩产生的力。但在没有特殊仪器设备下测量离心收缩能力是比较困难的，所以实验人员经常测试向心收缩的力来表示肌肉的收缩力量。向心和离心的肌肉收缩排序依据是"拉长—缩短"的循环周期(Stretch-Shortening Cycle，简称 SSC)，要增强向心收缩力量的生成需要通过机制性的改变，其中包含弹性势能的转换率、反射激活的速率和结构性变动。鉴于肌肉的"拉长-缩短"循环周期是一个自然的肌肉收缩顺序，已经广泛地应用到了体育运动和日常生活中。

（二）肌肉结构

影响肌肉力量表现的结构特征，主要是肌肉的横截面积和羽状角。

横截面积

肌肉的横截面积与并行的肌小节数量有关，肌小节数量越多，肌肉的横截面积越大，产生力量的能力也就越高。较大的横截面积会产生比较大的力，因此，使肌肉肥大是一种帮助增加肌肉力量的有效手段。

2.羽状角

羽状角是肌肉纤维方向与肌肉的作用力方向的夹角，羽状角越大，纤维束中肌纤维越多，产生力量的能力就越强。相关研究表明，肌肉厚度与羽状角有高度的正相关性，提高肌肉的羽状角也可以提高肌肉肥大的水平。由于肌肉的羽状角可以根据关节的角度而改变,在某些特定力量测试中,一块肌肉生成力量的能力会受到测试时关节角度的影响。

(三)肌纤维类型

骨骼肌是由肌纤维按照不同的收缩特性构成的,收缩的异质性很大程度上受肌球蛋白重链异形体的影响。肌球蛋白重链异形体的类型(Ⅰ、Ⅱa和Ⅱx)被用于定义肌肉纤维的类型。研究显示,人体中肌肉纤维肌球蛋白重链Ⅱx型要比Ⅰ型肌纤维具有更明显的张力。肌球蛋白重链Ⅱ型肌纤维的含量比例与肌肉力量呈现正相关性。与之相反,肌球蛋白重链Ⅰ型肌纤维氧化能力较为明显,具有更好的耐力。

(四)收缩过程

在肌肉前期收缩生成力量的过程中,疲劳和激活后增强效应都会受到较为显著的影响。

1.疲劳

随着肌肉活动的持续,肌肉产生的力量逐渐降低,发生可恢复的下降。在最大收缩的情况下,力量的衰减更加明显,表现为没有能力去维持肌肉活动所需要的强度。在多次重复收缩中,肌球蛋白重链含量较高的Ⅰ型肌纤维拥有比较好的对抗疲劳的能力。虽然针对不同任务而产生的疲劳展现其潜在的影响机制较为复杂和特殊,但前期的肌肉收缩对肌肉力量的输出有明显的作用。

疲劳不只是一个急性现象,它在肌肉收缩后立刻产生、快速消失并逐渐恢复肌肉的功能。疲劳导致力量下降的情况会根据负荷量大小而持续不同的时间,当训练动作中包括了"拉长-缩短"循环周期后,这种延迟的现象会更加明显。基于此,长期或短期的肌肉预先收缩对肌肉产生力量影响的这一因素应在测试方案的选择和设计上加以考虑。

2.激活后增强效应

激活后增强效应(Post-Activation Potentiation,简称PAP),是一种由预先短时间次最大强度抗阻练习引起的肌肉发力速度或爆发力急性增加的生理现象。研究表明,在最大或次最大强度的肌肉收缩时,引起神经肌肉的急剧兴奋,受到刺激的肌群可以在短时间内促进最大力量的生成。激活后增强效应

可以在短期内作为一种增加肌肉力量输出的方法。

（五）神经控制

在内部运动系统中，肌肉持续做功时，中枢神经系统的兴奋性传导对力量的生成有更深远的影响，增加被募集的运动单位能提高自主收缩肌肉力量的级别，神经单元动作电位调动越多，产生的力量也就越大。

本章根据力量素质的基本内容，从最大力量测试和功率输出测试有针对性地介绍多种测试方案。最大力量测试包括仰卧推荐测试、1RM 平板卧推、1RM 颈前深蹲、1RM 颈后单腿蹲、基于力量耐力的 1RM 预测、基于力量速度的1RM 预测、上肢爆发力测试、核心旋转爆发力测试、核心屈伸爆发力测试、下肢爆发力测试、离心利用率测试、爆发力训练最佳跳箱高度测定、爆发力训练最佳负荷测定。功率输出测试包括上肢爆发耐力测试，下肢爆发耐力测试，膝关节屈伸肌群肌力测试、等速向心测试、躯干旋转肌群力量测试、核心区域力量和稳定能力的实验室评估、核心区域力量和稳定能力的运动评估、肌力及肌电图的测定。

二、最大力量测试

（一）仰卧推举测试

测试目的

测试受试者上肢肌肉耐力，预测仰卧推举的绝对力量值（一次能重复举起的最大重量，One-Repetition Maximum，以下简称 1RM）。

测试器材

杠铃（哑铃）、杠铃片、卧推长凳、节拍器。

测试方法

1.指导受试者练习仰卧推举标准动作。

2.保护员应站在靠近受试者头部的位置，正反虚握杠铃，并确保在测试中不触及杠铃，当运动员在测试中举起杠铃失败时，保护者拉起杠铃并协助将杠铃放回杠铃架上。

3.男受试者的重量设定在 40kg，女受试者的重量设定在 20kg。

4.受试者双手与肩同宽,将杠铃推离杠铃架并伸直手肘。随后以节拍器计时,重复地将杠铃向下移至胸口,又向上移至手肘伸直,直到运动员的动作无法跟上节拍器为止,运动过程中应跟着节拍器的节奏平顺地推举杠铃。

5.设定的节拍器频率在每分钟 60 次以下,保持 30 次/分钟的频率。

6.记录受试者在标准动作下完成的全部重复次数,或直到不能保持节拍器设定的速度为止。

测试结果

记录受试者完成的次数,带入到如下公式进行最大重复次数重量的预测:

男:1RM(kg)=(1.55×次数)×37.9。

女:1RM(kg)=(0.31×次数)×19.2。

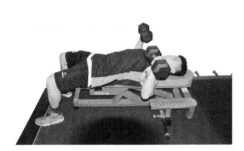

图 1-2 仰卧推举测试示意图

表 1 卧推举百分位对照表

等级 %	年龄与性别											
	18~25		26~35		36~45		46~55		56~65		>65	
	男	女	男	女	男	女	男	女	男	女	男	女
90	44	42	41	40	36	33	28	29	24	24	20	18
80	37	34	33	32	29	28	22	22	20	20	14	14
70	33	28	29	28	25	24	20	18	14	14	10	10
60	29	25	26	24	22	21	16	14	12	12	10	8
50	26	21	22	21	20	17	13	12	10	10	8	6
40	22	18	20	17	17	14	11	9	8	6	6	4
30	20	16	17	14	14	12	9	7	5	5	4	3
20	16	12	13	12	10	8	6	5	3	3	2	1
10	10	6	9	6	6	4	2	1	1	1	1	0

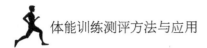

该测试方法可根据项目特点不同进行改良。如手球、排球和羽毛球等上肢单侧主导发力的项目,在进行仰卧推举测试时候,可采用单臂持哑铃交替推举的形式评估受试者上肢肌肉耐力,预测仰卧推举的绝对力量值。男受试者的重量设定为单手各持 20kg 哑铃,女受试者的重量设定为单手各持 10kg 哑铃。节拍器频率同样设定为每分钟 60 下,保持 30 次/分钟的频率。测试期间受试者做单臂交替向上推举的动作,记录其在标准动作下完成的全部重复次数,或直到不能保持节拍器设定的速度为止。将次数带入到公式中进行最大重复次数重量的预测。

当然,还可进行左右两侧仰卧推举的独立测试。先测试一侧手臂推举的次数,待受试者充分休息后,再去测试另一侧手臂推举的次数,分别记录完成的次数,进行双侧差异性对比,找出短板并进行有针对性的干预。

(二)1RM 平板卧推测试

测试目的

1RM 平板卧推测试是上肢对称性力量测评的主要方法,通过 4~5 次递增重量测试来获得受试者平板卧推的 1RM 值。

测试器材

标准杠铃架子、标准杠铃、标准杠铃片。

测试要求

受试者平躺于平板上,头部、肩部、臀部贴紧平板,双脚触地(5 点接触)。双脚略宽于肩,用开放式握法握住杠铃,肘关节完全伸展,将杠铃举起至起始位置,下降时,杠铃要触到胸部,然后用连贯的动作推举杠铃直至肘关节完全伸展(回到起始位置)。

测试步骤

1.受试者进行 5~10 次的负重热身,然后休息 2 分钟。

2.在步骤 1 的重量基础上再增加 5~10kg 或负重增加 5%~10%。

3.受试者休息 2 分钟。

4. 在步骤 2 的重量基础上增加 5~10kg 或 5%~10%,引导受试者完成 1RM,然后休息 2~4 分钟。

5.在步骤 4 的重量基础增加 5~10kg 或 5%~10%,受试者尝试 1RM;如果受试者尝试 1RM 失败,则减少负重 2.5~5kg 或 2.5%~5%;休息 2~4 分钟。

6.继续增加或减少重量直至受试者可以完成 1RM 测试。

图 3-4　1RM 平板卧推测试示意图

(三)1RM 颈前深蹲测试

测试目的

1RM 颈前深蹲测试下肢对称力量测评的主要方法,通过 5 次递增重量测试来获得受试者颈前深蹲的 1RM 值。

测试器材

标准杠铃架子、标准杠铃、标准杠铃片。

测试方法

受试者双手略宽于肩,将杠铃置于三角肌后束上方;站立时双脚略宽于肩,脚尖向外略微打开。测试时,下蹲的最低点是大腿与地面平行。为保证受试者的安全,测试过程中至少 2 名保护者跟随注意杠铃的上下移动。开始重量是受试者预估下能蹲起的最大重量的 1/2。

1.受试者进行 5~10 次的负重热身,然后休息 1 分钟。

2.在热身阶段的重量基础上大概增加 15~20kg 或在步骤 1 中的重量基础上增加 10%~20%,重复 3~5 次。

3.休息 2 分钟

4.预估接近最大重量基础上增加 15~20kg 或在步骤 3 中的重量基础上增加 10%~20%,重复 2~3 次。

5.休息 2~4 分钟。

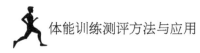

6.在步骤 5 的重量基础上增加 15~20kg 或重量增加 10%~20%,受试者尝试 1RM。

7.休息 2~4 分钟;

8.如果受试者尝试 1RM 失败,应减少负重 5~10kg 或者 5%~10%,并让受试者重新测试 1RM。

9.休息 2~4 分钟。

10.继续增加或减少重量直至受试者可以完成 1RM 测试。

图 5-6 1RM 颈前深蹲测试示意图

(四)1RM 颈后单腿蹲测试

测试目的

1RM 颈后单腿蹲测试是下肢非对称性力量测评的主要方法通过 5 次递增重量测试来获得受试者颈后单腿蹲的 1RM 值。

测试器材

标准杠铃架子、标准杠铃、标准杠铃片、凳子(与受试者胫骨粗隆同高)。

测试方法

受试者按照 1RM 颈后深蹲的模式扛起杠铃。将非测试腿的足部放置在后侧的支撑平面上,放置距离应使非测试腿保持髋伸展状态。测试时,下降到测试腿大腿与地面平行即可。测试过程中至少 2 名保护者跟随,注意杠铃和受试者膝关节的前后移动。

1.受试者熟悉测试过程后,选择合适的重量,进行 5~10 次的负重热身。

2.受试者进行 5 分钟慢跑和主动拉伸。

3.选择一个可以完成 5~10 次的重量。

4.休息 1 分钟。

5.步骤 3 的重量增加 10%~20%,重复 5 次。

6.休息 3~5 分钟。

7.步骤 5 的重量增加 20%~30%,受试者尝试 1RM。

8.如果受试者完成了步骤 5 的 1RM 测试,休息 3~5 分钟,增加负重 10%~20%,尝试测试。如果没有完成步骤 5 的测试,则休息 3~5 分钟后,减少配重 5%~10%,再次尝试测试。

9.继续增加或减少重量直至受试者可以完成 1RM 测试。

图 7-8　1RM 颈后单腿蹲测试示意图

(五)基于力量耐力的 1RM 预测

众多研究显示,明确受试者最大肌肉力量对健身计划的制定与训练效果的检验有较为重要的作用。但是,最大肌肉力量测试对受试者的整体要求较高,并非所有人群都适用。目前,上述测试方案较多应用于专业运动员和有长期抗阻训练经验的人群。在递增负荷测试中,由于测试过程时间较长,能量衰减比较明显,会对缺乏锻炼经验的青年或是上年纪的中老年人造成伤害。

随着全民健康和科学化训练意识的逐渐提升,青少年、中老年人和初次接触抗阻训练的健身爱好者都会对力量练习的科学性与有效性有较高的要求,有力量处方需求的人群越来越多。在实际应用时,我们假设最大肌肉力量和 1RM 重复的比值不会随训练而发生变化,就可以采用基于使用多次重复次数的方法来预估最大肌肉力量,即将数值带入对应的公式,通过计算得出受

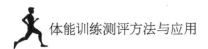

试者最大肌肉力量值,据此来进行力量训练计划的科学化设定。但是,随着测试的次数增加,这些公式的准确性会下降。下面是不同人群最大力量的预测公式:

1.年轻受试者 1RM 值的预测公式

为了同时比较多种计算公式的信度和效度,LeSure 和同事得出如下针对平板卧推和颈后深蹲 1RM 数值的预测公式,其中重复次数小于 10 次。该方程预测出的深蹲和卧推的最大力量数值比实际数值高出不到 1%:

$1RM=100×I×[48.8+53.8×e×(-0.75×r)]$,I 为重复次数的负重,$e≈2.7181$,r 为重复次数。

Kravitz 等人对青少年男子举重运动员(15~18 岁)进行 10~16RM 最大重复次数对应的负重进行颈后深蹲测试,并得出如下预测公式,误差约为 5kg:

$1RM=159.9+(0.103×r×I)+(-11.552×r)$,r 为重复次数,I 为重复次数的负重。

同时,该团队通过对相同受试者进行 14~18RM 最大重复次数对应的负重进行平板卧推测试,并得出如下预测公式,误差约为 3kg:

$1RM=90.66+(0.085×r×I)+(-5.306×r)$,r 为重复次数,I 为重复次数的负重。

2.老年受试者 1RM 值的预测公式

Knutzen,Brilla,andCaine(1999)通过把平均年龄在 73.1 岁的男性和69.1 岁的女性进行不分组测试,得出比较准确的预测平板卧推 1RM 的公式,重复次数在 7 至 10 次之间。

$1RM=100×I/[52.2+41.9×e×(-0.55×r)]$,I 为重复次数的负重,$e≈2.7181$,r 为重复次数。

Kemmler 团队(2006)使用 3~5 次、6~10 次、11~15 次和 16~20 次最大重复次数的实验方案用于预测平均年龄在 57.4 岁、有训练经验的绝经后妇女 1RM 举腿和平板卧推的力量,预测公式如下:

$1RM=I×(0.988-0.0000584r^3+0.00190r^2+0.0104r)$,I 为重复次数的负重,r 为重复次数。

(六)基于力量速度的 1RM 预测

在竞技体育训练中,大多数教练员、运动员仅关注于完成训练的重量,忽略了动作速度以及最大努力程度,教练员通过主观方式来反复强调运动员

"快！加快！"，但收效甚微。随着对科学技术的发展和运动器材的创新，不同品牌的加速度仪的应用给出了解决方案。我们可以预先设置阻力的移动速度，将动作速度客观量化，提供有价值的参考数据，做到及时调整训练变量，使力量训练更加接近专项速度，产生训练储备与比赛输出的最佳正迁移，进而提升运动表现。测试人员和受试者可以实时查看动作完成速度与动作质量，实时调整，提高运动员自主积极性，更好地进行发展速度与爆发力的训练，提升日常训练与竞赛表现的正迁移。

目前，应用领域比较常见的测试设备有 Push Band 力量训练综合评测系统、Myotest 爆发力测试仪和 Gym Aware 力量功率测试系统，都是基于力量功率系统的 VBT 测试(基于速度的力量训练)设置目标的速度区间，使受试者更加直观地得到动作速度的反馈。我们以 GymAware 为例对受试者进行非力竭测试环境下最大卧推力量的评估。

将设备与平板电脑等移动端设备相连，把尼龙搭扣缠绕在杠铃片内侧，然后套过穿孔并进行固定。据受试者和运动项目，设置峰值速度(pv)、平均速度(mv)、峰值功率(pp)和平均功率(mp)域。输入受试者年龄、性别、身高、体重等基本信息，询问受试者平板卧推的 1RM 值(假定受试者 1RM=100kg)，选择测试项目(Bench Press)，设置杠铃重量分别为 50kg、60kg、70kg、80kg，每个重量推 2 次，重量间间歇时间设为 30 秒，建议速度低于 0.5m/s 时结束。设置完成后，点击"开始"按钮切换到准备界面。测试开始后，受试者按照测试程序，用最大速度完成标准的平板卧推动作，系统自动记录测试过程和结果。

与力量相关的各类测试区分比较明显，比如在最大力量测试时，要求受试者最大限度发挥神经肌肉一体化的水平，尽自己最大的能力，克服最大的阻力，是受试者绝对力量的展现。由于阻力负荷较大，运动员移动杠铃的速度较慢，但不是一味地放慢节奏，这样会影响力量功率输出的效率。这就要测试人员在测试时既要关注负荷阻力，也要关注克服这些阻力的速度。在

图 9-11　基于力量速度的 1RM 预测示意图

进行测试数据的分析时，由于不同动作的最低速度阈值（Minimal Velocity Threshold, 简称 MVT, 也称为 1RM 速度）不同，可以在报告选项中选择对应动作的 MVT 数值即可，一般深蹲、卧推的 MVT 在 0.15m/s 左右，而卧拉在 0.5m/s 左右，高翻达到 0.8m/s。

　　当然，受试者力测试的目标不同，所对应的速度范围也是不同的，读者可可参照下表所列指标，对力量训练与测试的不同指标进行监控。

表 2　力量训练与测试的不同指标

测试指标	指标分析	速度范围
绝对力量	最大限度内发挥神经肌肉系统抑制收缩克服的最大阻力	0.15 m/s ~0.35m/s
加速力量	通过一定负荷进行快速力量的一种能力	0.5m/s~0.75m/s
力量-速度	速度的力量条件，指在一个稳定的负荷内，移动尽可能快	0.75 m/s ~1.0m/s
速度-力量	力量在速度中的表现，是指在小负荷下移动更快的速度	1.0 m/s ~1.3m/s

（七）上肢爆发力测试

测试目的

测试受试者上肢非线性推举的爆发力。

测试器材

卷尺、垫子、药球(女子持 4 公斤药球,男子持 8 公斤药球)。

测试步骤

1.以受试者以胸部为起点,用卷尺量出不少于 10 米的距离,并沿投掷方向固定。测试之前受试者进行充分热身,包括一些上肢练习的特定的动作和中等强度的投掷练习(最大能力的 50%),休息 3~5 分钟开始测试。

2.受试者坐在垫子上,屈髋 90°(场地条件允许情况下,可背部靠墙进行测试),双腿并拢前伸,受试者拿起药球,准备就绪。

3.当听到开始口令时,受试者双手把药球抱到胸前,并尽可能地将其前推离身体。这个过程中,药球尽量与地面成 45°角以获得最远的距离。

4.测评人员迅速标记药球落点并记录距离。测试三次,取最远距离作为测试成绩。测试过程中提醒受试者腰部与下肢不能出现晃动代偿,屈髋度数不能出现明显变化,否则成绩不与记录。

图 12-14　上肢爆发力测试示意图

(八)核心旋转爆发力测试

测试目的

测试受试者核心区域旋转力量与爆发力,为躯干旋转时产生力量的能力与上下肢的力量传导能力提供指标,可作为网球、橄榄球、高尔夫球等项目的专项测评动作。

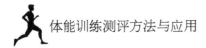
测试器材

卷尺、A4 纸、药球(女子持 4 公斤药球,男子持 8 公斤药球)。

测试步骤

1.以受试者以双脚为起点,用卷尺量出不少于 10 米的距离,标记出起点区域,并沿投掷方向固定。测试之前受试者进行充分的热身,包括一些躯干旋转的特定的动作和中等强度的投掷练习(最大能力的 50%),然后休息 3~5 分钟开始测试。

2.受试者在测试区域前呈侧弓箭步姿势准备,测评人员将 A4 纸放在受试者大臂与躯干之间,使其紧紧夹住避免纸张掉落。受试者屈肘 90°,双手在胸前持球,准备就绪。

3.当听到开始口令时,受试者旋转躯干将药球沿投掷方向用力抛出,药球尽量与地面成 45°角以获得最远的距离。

4.受试者完成初始测试后,放松一分钟然后改变旋转方向,继续进行测试。

5.测评人员迅速标记药球落点并记录距离。测试三次,取最远距离作为测试成绩。测试时 A4 纸掉落、躯干垂直面超过起点区域、双脚离开地面等情况不予记录成绩。

6.可根据项目特点对测试姿势进行修改,例如赛艇、皮艇运动员可进行坐姿药球侧抛,帆船运动员可与陆上压弦器结合进行专项核心旋转侧抛测试。

图 15-17 核心旋转爆发力测试示意图

(九)核心屈伸爆发力测试

测试目的

该测试分为前屈和后伸两项测试,通过对比屈伸数值,找出爆发弱链所在,并对短板进行有针对性的强化提高。

在前屈测试时,主要评定受试者在推举、投掷和前屈运动时的爆发力或力量,该方法在羽毛球、网球等与手臂高举过头的运动项目呈正相关;后伸测试主要测量身体在向后伸展动作中的爆发力或力量,该测试与不同项目运动员垂直跳跃时产生的能量输出呈正相关,例如跳高运动员的背弓、摔跤运动员的抱摔和举重运动员的抓举。

测试器材

卷尺、药球(男子运动员建议使用 6 公斤药球,女子运动员建议使用 4 公斤药球)。

测试步骤

1.以受试者双脚为起点,用卷尺量出不少于 20 米的距离,标记出起点区域,并沿投掷方向固定。测试之前受试者进行充分热身,包括一些躯干屈伸的特定的动作和中等强度的投掷练习,然后休息 3~5 分钟开始测试。

2.受试者拿起药球,双脚平行站在投掷点上。

3.当听到开始口令的时候,受试者双手持球举过头顶,然后将球向前方投出,脚不要移动。测评人员在远端,评估员应标记出药球着陆点并记录距离。受试者测试 3~5 次,取最远成绩为最终结果。

4.充分休息后,受试者拿起药球,双脚平行站在投掷点上,背朝测试区域。当听到开始口令时,受试者双手持球举过头顶,然后将球向后方投出,脚不要移动。测评人员在远端,评估员应标记出药球着陆点并记录距离。受试者测试 3~5 次,取最远成绩为最终结果。

5.根据项目特点不同,男子橄榄球、排球运动员可采取弓步姿势下单臂投掷方式进行测试;女子羽毛球、排球运动员可选择重量为 2 公斤的药球进行单臂屈伸测试。

图 18-21　核心屈伸爆发力测试示意图

（十）下肢爆发力测试

测试目的

Jums Jump 是可测量垂直起跳高度、足下快慢和反应时间的测评系统，主要包含两种模式测试人体下肢爆发力功率："1 Jump mode"，用来测量受试者腾空时间和起跳高度；"4 Jump mode"，用来测量受试者起跳落地时间、腿部爆发力功率指数、平均起跳高度。对测试过程进行视频记录，可分析受试者起

156

跳、腾空和落地的动作模式,对测试过程潜在伤病风险进行预防。

测试仪器

Just Jump 纵跳测试垫、摄像机。

图22　下肢爆发力测试示意图

测试步骤

1.将垫子放在坚硬的水平地面或是混凝土走道上,对器材进行连线并测试。

2.受试者进行充分的准备活动。受试者休息 2~4 分钟后开始测试。

3.进行测试并用摄像机记录测试过程,将两种测试模式数据进行记录:

"1 Jump mode":站在垫子上,尽全力向上跳跃 1 次后落在垫子上。

"4 Jump mode":站在垫子上,尽全力向上快速跳起 4 次后落在垫子上。

测试结果

1."1 Jump mode":数据从左至右依次显示为:腾空时间 0.73 秒、纵跳的高度 22.8 英寸。

2."4 Jump mode":数据从左至右依次显示为:触地时间 0.25 秒、腿部爆发力功率指数 1.72、平均起跳高度 9.3 英寸。

3.腿部爆发力功率:

腿部爆发力功率指数(ELPF)=腾空时间/触地时间。

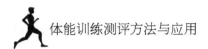

表 3　腿部爆发力功率指数对照表

	8	9	10	11	12	13	14	15	16	17	18	19	20	21	22	23	24	25
.20	2.04	2.16	2.28	2.39	2.50	2.60	2.70	2.79	2.88	2.97	3.06	3.14	3.22	3.30	3.38	3.46	3.53	3.60
.21	1.94	2.06	2.17	2.27	2.38	2.47	2.57	2.66	2.74	2.83	2.91	2.99	3.07	2.14	3.22	3.29	3.36	3.43
.22	1.85	1.96	2.07	2.17	2.27	2.36	2.15	2.54	2.62	2.70	2.78	2.85	2.93	3.00	3.07	3.14	3.21	3.28
.23	1.77	1.88	1.98	2.08	2.17	2.26	2.34	2.43	2.51	2.58	2.66	2.73	2.80	2.87	2.94	3.00	3.07	3.13
.24	1.70	1.80	1.90	1.99	2.08	2.16	2.25	2.32	2.40	2.47	2.55	2.62	2.68	2.75	2.82	2.88	2.94	3.00
.25	1.63	1.73	1.82	1.91	1.99	2.08	2.16	2.23	2.30	2.38	2.44	2.51	2.58	2.64	2.70	2.76	2.82	2.88
.26	1.57	1.66	1.72	1.84	1.92	2.00	2.07	2.15	2.22	2.28	2.35	2.41	2.48	2.54	2.60	2.66	2.71	2.77
.27	1.51	1.60	1.69	1.77	1.85	1.92	2.00	2.07	2.13	2.20	2.26	2.33	2.39	2.44	2.50	2.56	2.61	2.67
.28	1.45	1.54	1.63	1.70	1.78	1.85	1.92	1.99	2.06	2.12	2.18	2.24	2.30	2.36	2.41	2.47	2.52	2.57
.29	1.40	1.49	1.57	1.65	1.72	1.79	1.86	1.92	1.99	2.05	2.11	2.16	2.22	2.28	2.33	2.38	2.43	2.48
.30	1.36	1.44	1.52	1.59	1.66	1.73	1.80	1.86	1.92	1.98	2.04	2.09	2.15	2.20	2.25	2.30	2.35	2.40
.31	1.31	1.39	1.47	1.54	1.61	1.67	1.74	1.80	1.86	1.91	1.97	2.02	2.08	2.13	2.18	2.23	2.28	2.32
.32	1.27	1.35	1.42	1.49	1.56	1.62	1.68	1.74	1.80	1.85	1.91	1.96	2.01	2.06	2.11	2.16	2.20	2.25
.33	1.23	1.31	1.38	1.45	1.51	1.57	1.63	1.69	1.74	1.80	1.85	1.90	1.95	2.00	2.05	2.09	2.14	2.18
.34	1.20	1.27	1.34	1.40	1.47	1.53	1.58	1.64	1.69	1.75	1.80	1.85	1.89	1.94	1.99	2.03	2.07	2.12
.35	1.16	1.23	1.30	1.36	1.42	1.48	1.54	1.59	1.64	1.70	1.74	1.79	1.84	1.88	1.93	1.97	2.02	2.06
.36	1.13	1.20	1.26	1.32	1.38	1.44	1.50	1.53	1.60	1.65	1.70	1.74	1.79	1.83	1.88	1.92	1.96	2.00
.37	1.10	1.17	1.23	1.29	1.35	1.40	1.45	1.51	1.56	1.60	1.65	1.70	1.74	1.78	1.82	1.87	1.91	1.95
.38	1.07	1.13	1.20	1.25	1.31	1.36	1.42	1.47	1.51	1.56	1.61	1.65	1.69	1.74	1.78	1.82	1.86	1.89
.39	1.04	1.11	1.17	1.22	1.28	1.33	1.38	1.43	1.48	1.52	1.57	1.61	1.65	1.69	1.73	1.77	1.81	1.85
.40	1.02	1.08	1.14	1.19	1.25	1.30	1.35	1.39	1.44	1.48	1.53	1.57	1.61	1.65	1.69	1.73	1.76	1.80
.41	0.99	1.05	1.11	1.16	1.21	1.26	1.31	1.36	1.40	1.45	1.49	1.53	1.57	1.61	1.65	1.68	1.72	1.76
.42	0.97	1.03	1.08	1.13	1.19	1.23	1.28	1.33	1.37	1.41	1.45	1.49	1.53	1.57	1.61	1.64	1.68	1.71

	8	9	10	11	12	13	14	15	16	17	18	19	20	21	22	23	24	25
.43	0.94	1.00	1.06	1.11	1.16	1.21	1.25	1.30	1.34	1.38	1.42	1.46	1.50	1.53	1.57	1.60	1.64	1.67
.44	0.92	0.98	1.03	1.08	1.13	1.18	1.22	1.27	1.31	1.35	1.39	1.42	1.46	1.50	1.53	1.57	1.60	1.64
.45	0.90	0.96	1.01	1.06	1.11	1.15	1.20	1.24	1.28	1.32	1.36	1.39	1.43	1.46	1.50	1.53	1.57	1.60
.46	0.88	0.94	0.99	1.04	1.08	1.13	1.17	1.21	1.25	1.29	1.33	1.36	1.40	1.43	1.47	1.50	1.53	1.56
.47	0.86	0.92	0.97	1.01	1.06	1.10	1.14	1.18	1.22	1.26	1.30	1.33	1.377	1.40	1.44	1.47	1.50	1.53
.48	0.85	0.90	0.95	0.99	1.04	1.08	1.12	1.16	1.20	1.23	1.27	1.31	1.34	1.38	1.41	1.44	1.47	1.50
.49	0.83	0.88	0.93	0.97	1.02	1.06	1.10	1.14	1.17	1.21	1.24	1.28	1.31	1.34	1.38	1.41	1.44	1.47
.50	0.81	0.86	0.91	0.95	1.00	1.04	1.08	1.11	1.15	1.19	1.22	1.25	1.29	1.32	1.35	1.38	1.41	1.44

4.观看录像,分析受试者落地阶段踝、膝、髋的位置,进行错误纠正。

如果没有相关的纵跳测试系统,对下肢爆发力的评估还可用如下测试方案进行:

首先,记录受试者的体重,确定受试者的惯用手,受试者充分热身,休息好后开始测试。

测试人员将粉笔涂在受试者惯用手的指尖。让受试者惯用手一侧包括躯干贴近墙,重心处于中立位。

在测试之前,确定受试者的站立高度。用涂粉笔的手沿着墙壁尽可能向头顶上方伸,伸到最高处后触摸墙壁做一个记号。测试人员测量粉笔印记距地面的高度,以此作为站立高度。

测试开始,受试者迅速下蹲屈膝,双臂摆至臀后。然后迅速向前上摆臂,尽可能高地跳起来,同时将惯用手沿着墙壁尽可能地向上伸,在最高处触碰墙壁,留下标记,然后双脚安全的地落到地面。

测量粉笔印与距离地面的长度,记做总跳跃高度。

垂直跳跃高度可用以下公式计算:垂直起跳高度=总跳跃高度−站立高度。

将受试者的体重和垂直起跳高度带入如下公式,间接评估测试时产生的

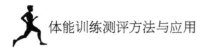

爆发力峰值功率：

峰值功率(瓦)=60.7×跳跃高度(厘米)+45.3×体重(千克)−2055。

通过垂直纵跳对受试者爆发力峰值功率的评估，可以让我们更好地了解体重、跳跃高度和峰值功率内在的逻辑关系。例如，在峰值功率一定的情况下，要想提高跳跃高度，需适当地降低受试者的体重。

(十一)离心利用率测试

离心利用率(Eccentric Utilization Ratio，简称 EUR)，表明在跳跃之前，膝盖的快速弯曲和反弹(称为拉伸–缩短周期)对跳跃高度的影响，通常采用反应力量和起动力量之间的比值来评估肌肉预拉伸的增量，并根据这个比值给出训练的建议。离心利用率=反应力量跳跃高度/启动力量跳跃高度。

在众多体育比赛中，赛艇、短跑、速度滑冰和游泳等项目都是从静止的准备状态突然起动加速至比赛状态，因此，高水平运动员的启动能力往往与运动成绩直接相关。而决定启动能力最基本的因素是反应能力和启动力量，反应能力决定于神经系统对启动信号的快速反应和协调，也就是通常所说的神经肌肉一体化的能力。但是，具有快速反应能力固然重要，肌肉系统还必须具有较强的启动力量，才能在神经系统对起动信号做出快速反应时，有能力将"快速反应"转化为"快速行动"。

在训练时，运动员跳不高、跑不快，是基础力量(Strength)不足还是爆发(Power)能力不强？运动表现不佳是缺乏力量还是快速伸缩能力不足？究竟是应该先提高运动员的基础力量还是直接进行爆发力训练？这两种训练如何安排？这一系列的疑问困扰着广大教练员。如果没有进行针对性的评判，在需要增强基础力量的时候一味地进行快速伸缩负荷的爆发式练习，非但不会提高运动表现，还会对运动员造成运动损伤。

基于如上问题，我们可对受试者下肢反应力量与启动力量进行测评与对比分析，探究二者之间的数值差异，找到目标训练方案，力求解决如上在实践操作中困扰教练员和科研人员的疑问，提高运动员的竞技表现。

首先对受试者进行反应力量测试(Reactive Force Test，简称 RFT)。反应力量是指肌肉在先做离心式拉长，然后做向心式紧缩时，利用弹性能量在肌肉中的存储与再释放以及神经反射性调节爆发出的力量，肌肉快速收缩转换能力反映测试受试者启动力量和快速变换方向的力量水平。测试开始时,受试者站在纵跳测试设备上,双脚开立至合适宽度,屈膝,屈髋,手臂自由摆动。测试人员给出起跳口令,受试者听到起跳口令时进行预摆预蹲后迅速屈膝摆臂向上起跳至最高点后落在垫子上。记录员记录地面时间(秒)和纵跳高度(厘米)。测试 3~5 次,取最好成绩。起跳阶段手臂摆动、垫脚或迈步,髋关节、膝关节有明显屈曲、没有落在跳垫上等情况皆为测试失败,不予记录成绩。计算反应力量指数,反应力量指数=纵跳高度/地面时间。

图 23-24　反应力量测试示意图

第二步对受试者进行启动力量测试(Activation Force Test, AFT)。该测试下肢伸肌群在预先拉长且处于等长收缩状态下突然启动收缩的能力,强调受试者神经肌肉的一体化与肌纤维募集能力,能够有效评估受试者速度能力。启动力量测试也可作为静止启动项目的专项测试。

受试者双脚开立至合适宽度,屈膝,屈髋 90°至大腿与地面平行,双手叉腰站在纵跳测试设备,并保持此姿态 5 秒钟。测试人员给出起跳口令,受试者听到起跳口令后尽最大努力向上蹬伸起跳,跳至最高点后落在垫子上。记

员记录地面时间(秒)和纵跳高度(厘米)。计算启动力量指数,启动力量指数=
纵跳高度/地面时间。

图 25-26　反应力量测试示意图

将 RFT 与 AFT 的测试结果带入到 SSC 指数公式中进行计算,公式如下：
SSC%=[(RFT−AFT)/AFT]×100%。

将 RFT 与 AFT 的测试结果进行比较, 如果 RFT≈AFT 且差值≤10%,提
示受试者进行快速伸缩负荷(SSC)的增强式练习或进行单次爆发力训练。

如果 RFT>AFT,且差值高于 15%~20%,这属于正常差值范围,提示受试
者进行基础力量练习(Strength)练习。

表4　不同项目的离心利用率

项目	性别	样本数	EUR(纵跳高度)	EUR(峰值功率)
足球	男	28	1.14±0.15	1.03±0.20
	女	12	1.17±0.16	1.11±0.20
垒球	男	16	1.03±0.09	1.00±0.17
	女	25	1.04±0.13	1.02±0.13
澳式橄榄球	男	26	1.10±0.08	1.03±0.20
英式橄榄球	男	11	1.13±0.14	1.01±0.20
曲棍球	女	24	1.02±0.13	1.05±0.18

(十二)爆发力训练最佳跳箱高度测定

在运动中,力的生成速率(在最短时间内产生并输出最大的力的能力)与功能性活动表现呈正相关,功率输出速度和反应性神经肌肉控制是肌肉力的生成速率的重要组成部分,也是快速产生力的活动中衡量运动表现的最佳指标。快速伸缩复合训练(SSC)也称为反应训练,是离心收缩后紧接着爆发性向心收缩的快速且有力的动作,通过"拉长—缩短周期"或"离心—向心"耦合阶段来完成,主要分为离心聚能、缓冲过渡和向心输出三个阶段,在最短的时间产生最大的力,减少肌肉神经抑制,提高力的生成速率、反应性力量、动态神经肌肉效率和最佳力的产生与迁移。

不同形式的跳深练习是提高运动员复合力量和爆发力的经典练习方法,由于练习者身高、体重和项目的差异,跳箱的高度与触地时间长短成为能否实现其爆发力训练功率最大化的关键所在。本实验通过测试受试者在递增高度下落跳的触地时间与反应跳跃能力,评判其从离心收缩向向心收缩动作速率快速有效转换的能力,得出发展最佳爆发力训练高度,对受试者监控训练实施情况和疲劳程度进行有效监控。

测试仪器

纵跳测试毯或其他功率计、秒表、不同高度的跳箱。

测试步骤

1.受试者充分热身,进行最大跳跃高度测试,测试三次,取最高值。

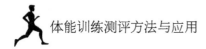

2.受试者进行 5~10 次的下落跳起练习。

3.测试开始时,选取 30 厘米高的跳箱作为测试的开始高度,受试者从箱子上迈步落下,踩到测试毯后迅速起跳,落在原地。实验人员记录触地时间、跳跃高度等数据。

4.跳箱高度以 5 厘米进行递增。

5.当受试者触地时间超过 0.2~0.3 秒且低于反应纵跳高度的 20%,测试结束。

6.整个测试过程中,受试者是否双手叉腰取决于测试目的与专项动作模式。

评定方法与主要测试指标

当受试者触地时间超过 0.2~0.3 秒且低于反应纵跳高度的 20%, 测试结束,此时跳箱高度可作为发展爆发力的最佳跳箱高度。

反应力量指数(Reactive Strength Index,简称 RSI)计算公式:

方法 1:RSI=跳跃高度/触地时间。

方法 2:RSI=腾空时间/触地时间。

跳跃高度=9.81×(腾空时间)²/8

表5 爆发力训练最佳跳箱高度测定记录表

跳箱高度(厘米)	跳跃高度(厘米)	触地时间(秒)	腾空时间(秒)	RSI 值
30				
35				
40				
45				
50				
...				
发展爆发力的最佳跳箱高度:				

(十三)爆发力训练最佳负荷测定

测试目的

Keiser 气阻爆发力测评训练系统可在训练过程中随意调节阻力。器材提供连续、恒定、可细微调整的阻力模式,几乎消除了对身体结缔组织和关节的冲击。通过最佳爆发力训练负荷测试系统,可得到一个人体在特定动作模式下爆发力训练的最佳负荷范围,利于既定动作的爆发力训练与功率输出。测试仪显示内容包括每组训练的阻力级别、次数、每次力量(功率)、最大爆发力(功率)等数据。测试过程中动作路线一致性的监控是该实验的难点。

测试仪器

Keiser 人体爆发力测试仪。

测试步骤

1.调试好 Keiser 力量训练架及训练系统。测定受试者首先设定好自己练习的量化负荷,然后根据实际需要增加或减少负荷量。

2.测评人员同时按住黄色"+""–"按钮 5 秒钟,TARGET　REPS 窗口显示内容为"P1",此时调节一个较低阻力(5—10lb)后进行既定模式下的测试,总共 3 次。

3.3 次低阻力测试结束后,TARGET REPS 窗口显示内容为"P2",此时调节至一个较高阻力(25~30lb)后,进行既定模式下的测试,总共 3 次。

4.测试结束后,CURRENT POWER 窗口出现闪烁数字,为该测试动作的

图 27-28　爆发力训练最佳负荷测定示意图

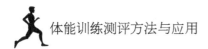

最佳爆发力训练负荷。

5.CURRENT POWER 窗口显示"ERROR"的原因:6 次测试时动作路线不统一或测试时高低阻力调节差异过大。

三、功率输出测试

(一)上肢爆发耐力测试

测试目的及原理

无氧功率指运动中人体通过无氧代谢途径提供能量进行运动的能力,包括了 ATP-CP 分解供能(非乳酸能)和糖无氧酵解供能(乳酸能),温盖特功率测试法利用上肢无氧功率车,受试者短时全力转动传感臂,利用摩擦阻力、转速以及受试者体重,来计算运动时所产生的功率,观察 30 秒内功率的变化并以此来评价测试者的无氧运动能力。温盖特功率测试法可作为以上肢为主导运动项目的专项爆发力及耐力测试方法。

测试仪器

上肢数控功率车(TECHNOGYM,意大利);心率带(POLAR,芬兰)。

测试步骤

1.连接仪器并调至测试界面。

2.将受试者的个人信息(身高、性别、体重、出生年月)输入软件,系统自动

图 29-30 上肢数控功率车和上肢爆发耐力测试现场图

计算负荷大小。

3.受试者佩戴心率带,并做以上肢为主导的准备活动。

4. 受试者在功率自行车上摇臂 2~4 分钟, 使其心率上升到 150~160 次/分,其间以 4~8 秒进行 2~3 次全力摇臂。

5.准备活动后调整 2~4 分钟。

6.测试开始:在 15 秒倒计时内受试者尽力快速摇臂力求达到最快速度,系统自动将阻力加到规定负荷,受试者持续作 30 秒最快速度摇臂。

7.测试结束后,受试者进行放松活动 2~3 分钟。

评定方法与主要测试指标

1.最大无氧功率(Peak Power)

反映了肢体肌肉在短时间内产生高机械功率的能力,即通常所说的爆发力能量来源于ATP 及CP 的分解。

2.平均无氧功率(Mean Power)

反映肌肉维持高功率的耐力,即速度耐力水平。平均无氧功率和相对平均无氧功率越大,说明受试者的无氧能力越强。

3.疲劳率(Fatigue Ratio)

功率的递减率,反映疲劳指数。

4.印尼东爪哇省运动员上肢无氧功测试结果:

表 6　印尼东爪哇省运动员上肢无氧功测试结果

姓名	性别	项目	最大功率	相对最大功	平均功率	相对平均功率	疲劳%
Aldin	男	跳水	418	6.15	291	4.28	47
Ardha	男	乒乓球	338	4.57	255	3.45	55
Ferrous	男	体操	576	9.44	376	6.16	60
Gustin	女	乒乓球	232	4.22	174	3.16	70
Luthfi	男	跳水	612	9.42	285	4.29	77
Yofie	男	体操	448	8.15	335	6.9	52
Nasrullah	男	跳水	483	8.78	301	5.47	58

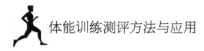

(二)下肢爆发耐力测试

测试目的

无氧功率指运动中人体通过无氧代谢途径提供能量进行运动的能力,包括了 ATP-CP 分解供能(非乳酸能)和糖无氧酵解供能(乳酸能)。在测试过程中,受试者短时全力蹬踏自行车,根据摩擦阻力、转速以及受试者体重,利用温盖特功率测试法来计算运动时所产生的功率, 观察 30 秒内功率的变化以此来对人体下肢无氧运动能力进行评价。

测试仪器

Monark 894E 功率自行车、笔记本电脑。

测试步骤

图 31　Monark　894E 功率车

1.连接仪器:实验者打开电脑并与 Monark 894E 功率自行车相连。

2.基本信息:将受试者的个人信息(身高、体重、出生年月)输入软件,并计算负荷大小。

3.准备活动:受试者在功率自行车上蹬车 2~4 分钟,使其心率上升到150~160 次/分, 其间以 4~8秒进行 2~3 次全力蹬车。

4.准备活动后休息 2~4 分钟。

5.进行测试:发出口令"开始"后,受试者尽力快骑,在达到最快速度时,测试者将阻力加到规定负荷,受试者持续作 30 秒最快速度蹬车。

6.整理活动:测试结束后,受试者进行放松活动 2~3 分钟

评定方法与主要测试指标

1.最大无氧功率(Peak Power)

反映了肢体肌肉在短时间内产生高机械功率的能力,即通常所说的爆发力。能量来源于 ATP 及 CP 的分解。

2.平均无氧功率(Mean Power)

反映肌肉维持高功率的耐力,即速度耐力水平。平均无氧功率和相对平均无氧功率越大,说明受试者的无氧能力越强。

3.疲劳%

功率的递减率,反映疲劳的指数。

无氧功递减率=(最高无氧功率−最低无氧功率)/最高无氧功率×100%。

表 7　普通大学生下肢爆发力耐力测试结果

N=128	相对峰值功率	相对平均功率	相对最低功率	相对每秒递减值	无氧功率递减率	下降	总产能
平均值	8.88	6.46	3.82	0.17	55.95	300.82	12092.21
标准差	1.64	0.91	0.73	0.05	10.04	110.07	1956.42

表 8　不同项目优秀运动员下肢无氧能力测试结果

项目	人数	峰值功率	平均功率	功率递减值	功率递减率	下降
男子橄榄球一级及以上运动员	35	1021.77±247.99	670.52±178.14	753.49±332.65	71.95±19.84	720.78±342.82
男子短跑二级运动员	76	828.37±227.83	543.93±163.96	546.78±259.79	62.66±16.79	462.48±218.25
女子排球一级运动员	22	691.89±123.56	515.00±76.02	486.9±199.32	68.29±18.05	449.77±202.25
男子羽毛球二级运动员	85	751.39±141.73	533.97±65.18	496.33±148.05	65.45±13.94	423.13±139.58
女子短跑二级运动员	35	505.87±92.76	364.74±62.77	323.53±81.25	64.76±15.97	250.17±78.00
女子曲棍球一级及以上运动员	28	505.43±99.04	342.80±68.34	480.49±362.52	93.52±66.33	292.09±99.75
青少年女子赛艇运动员	16	730.69±86.64	577.17±45.56	315.66±70.88	43.10±7.15	258.41±72.85

在实际的应用中,可以将 Wingate 经典测试结合专项需求进行改良,探究适合不同项目的专项测试方案。在赛艇运动中,划船技术多数基于下肢持续做功。要想在起航阶段取得较好的领先优势,下肢要具备较强的功率输出与抗乳酸能力。

该专项测试方案在经典 Wingate 下肢无氧测试方法的基础上进行改良,同赛艇运动比赛时起航技术环节相结合,设定无助力启动方式,为我国高水平男子赛艇运动员起航阶段无氧功率特征研究。测试开始阶段主动释放阻力,受试者在无惯性的状态下进行 15 秒最快速度蹬车。通过功率输出和能量衰减曲线,分阶段评估受试者专项运动技术环节的无氧能力,寻找起航出发阶段存在的主要问题,使选手在起航阶段保持良好持续的功率输出,进而建立领先优势,取得优异的成绩。也可与传统 Wingate 下肢无氧测试数据进行对比分析,给出相应的训练指导建议。

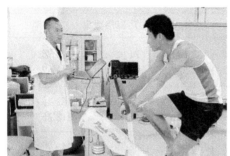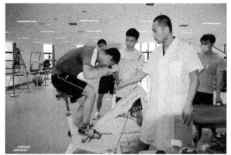

图 32-33　下肢爆发力耐力测试示意图

表 9　优秀赛艇运动员下肢爆发力耐力不同测试模式结果(N=23)

测试模式	相对峰值功率	峰值功率时间	相对平均功率	相对峰值下降	疲劳指数	功率下降	总产能
有助力	12.09± 0.58	4070.50± 807.72	9.58±0.60	0.38±0.06	47.71± 6.82	405.15± 92.24	12335.10 ±1064.97
无助力	10.47± 0.89	3129.75± 1460.39	8.59±0.73	0.25±0.08	39.53± 9.08	320.43± 86.18	12575.08 ±2939.0.

(三)膝关节屈伸肌群肌力测试

测试目的

等速测力仪能够测定人体各主要关节和躯干肌肉群的力量,可以提供向心、离心、等长收缩的模式,测试形式包括关节肌肉群等速向心、离心收缩最大力量(力矩),给定负荷下的关节肌肉群等向心、离心收缩最大力量(力矩)以及各关节角度下的关节肌肉群最大静力性力量(力矩),可以达到测试时关节角速度的恒定。目前,等速测试在国内已经广泛用于运动员肌肉力量的评定、训练和运动器官系统伤病防治与康复中。

膝关节屈伸肌群肌力测试要求了解等速肌力测试系统的基本操作过程,并以对膝关节的屈伸肌群的力量测试为例介绍该测试方案,比较不同测试者膝关节的力量大小和比值区间,并通过屈伸肌肉群的最大力矩比值来判断膝关节的稳定程度,为测试者进行膝关节的力量训练做出指导。根据测试目的与方案的不同,可根据等速肌力测试系统所配备的单元组件进行包括但不限于肩关节、肘关节、腕关节、髋关节、膝关节和踝关节围绕不同的运动轴、躯干的屈伸与旋转以及下肢蹬踏等不同部位的等速肌力测试评定。

测试仪器

ISOMED2000等速测力系统(德国)。

测试步骤

1.测试前准备

(1)开机,根据所要测试的关节调机,并安装相应组件。

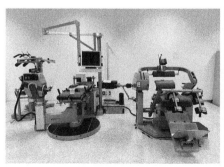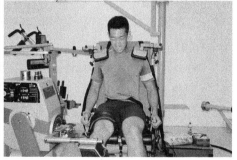

图 34-36 ISOMED2000 等速肌力测试示意图

(2)在电脑上预定好参数设置。本测试为膝关节屈伸肌群等动向心收缩测试,具体参数设置如下:

表 10 膝关节屈伸肌群肌力测试具体参数设置

伸(度/秒)	60	120	180	240	300
屈(度/秒)	60	120	180	240	300
重复次数	3	6	6	8	6
休息时间(秒)	30	30	60	60	90
间隔时间(秒)	30	30	60	60	90

(3)在电脑上记录受试者的基本信息。如姓名、性别、年龄等,并对受试者进行编号。

(4)带领受试者做全身性准备活动,以提高其心肺功能。具体活动内容可根据测试自行设计。

(5)测量受试者的身高、体重、某些环节的长度和围度、准备活动前后的心率等指标。

(6)引导受试者做专项准备活动以提高其适应能力。

2.测试要求及步骤

(1)调整训练椅,引导测试者坐到指定位置。

(2)适配器与测力计连接,然后设置好机械限位进行测定。

(3)开始按步骤进行测试。

(4)保存测试结果,打印测试报告,退出测试程序。

3.测试注意事项

（1）控制好准备活动和讲解测试的具体要求。

（2）准确地测量受试者的身高、体重、肢体的长度、安静时的心率等，测3次，取平均值。

（3）在测试前进行测试动作示范，使受试者能迅速掌握动作要领。

（4）要求受试者一定要尽力完成每一个动作。

（5）一定要设置好机械限位。

（6）确保训练进行过程中，在运动范围内没有任何人员及物体。

4.评价方法与主要测试指标

总功：在一组所有重复收缩中，以功最大的一次的值作为总功，单位为焦耳（J）。

相对总功：总功/体重，单位为焦/千克（J/kg）。

总功屈、伸比：屈肌总功/伸肌总功。

平均功率：总功/时间，单位为瓦（W）。

相对平均功率：平均功率/体重，单位为瓦/千克（W/kg）。

平均功率屈、伸比：屈肌平均功率/伸肌平均功率。

力矩加速能：指屈肌或伸肌最大峰力矩的最初1/8秒时间内所做的功，单位为焦耳（J）。力矩加速能是反映肌群爆发力的重要参数，对肌肉机能评定、选材和康复锻炼有实际参考价值。

我们分别对5名受试者的屈伸力矩值进行比较，找出屈肌群和伸肌群力量最大以及最小的受试者。计算出5名受试验者的屈/伸肌群力矩比值，如与其他人相比比值过小说明膝关节前后方向力量不平衡，提示加强屈肌群力量训练。

表11　膝关节屈伸肌群肌力测试数据记录表

姓名	屈肌群最大力矩	伸肌群最大力矩	屈／伸肌群力矩比值
受试者1			
受试者2			
受试者3			
受试者4			
受试者5			

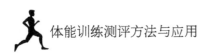

体能训练测评方法与应用

174

Print No.　258a

Institute		TestSystem	
		IsoMed 2000	
		Manufacturer D&R FERSTL GmbH Sport- und Medizintechnik	

Left / Right Comparison

Patient	: YangZhenYu	Date	: 24.09.2020
Date Birth	: 1997-1-3	Treatment	: Isokinetic M1 con. M2 con.
Ident. No.	:	Injured Joint	:
Weight	: 80 kg	Body Side	:
Sex	: M	Doctor	:
Diagnosis	:	Gravity Compen.	: Yes
		Therapist	:
		Speed (T1)	: 60°/60°/Sec.　Flex/Ext
Insurer	:	Speed (T1)	: 60°/60°/Sec.　Flex/Ext
Doctor	:	Time	: 11:54

Movement: Knee Flexion/Extension	Left (T1) Date　: 11.06.2020 Time　: 16:45 Set　: 1 Cal.Set　: 1	Right (T2) Date　: 16.10.2019 Time　: 10:23 Set　: 1 Cal.Set　: 1	T1/T2 % (T2/T1) %
Peak Torque　Flex (Rep): at angle: Peak Work　Flex (Rep):	151　Nm (3) +　35 ° 162　J (3)	142　Nm (6) +　.1 ° 118　J (6)	105.8　(94.6) % 137.3　(72.8) %
Peak Torque　Ext (Rep): at angle: Peak Work　Ext (Rep):	231　Nm (2) +　62 ° 196　J (3)	184　Nm (6) +　70 ° 117　J (5)	125.1　(79.9) % 167.5　(59.7) %
Peak torque of the average curve　Flex Peak torque of the average curve　Ext	136　Nm 214　Nm	Nm 120　Nm	—　(0.0) % 166.3　(60.1) %
Peak Torque　Flex/Ext (Ext /Flex): Peak Work　Flex/Ext (Ext /Flex):	65.4 (152.9) % 82.4 (121.3) %	77.3 (129.3) % 101.3 (98.7) %	84.6 (118.2) % 81.3 (122.9) %
Peak Torque　Flex　/weight : Peak Torque　Ext　/weight :	1.89　Nm/kg 2.89　Nm/kg	1.78　Nm/kg 2.30　Nm/kg	105.8　(94.6) % 125.1　(79.9) %
Peak Work　Flex　/weight : Peak Work　Ext　/weight :	2.03　J/kg 2.45　J/kg	.48　J/kg 1.46　J/kg	136.7　(73.1) % 167.9　(59.5) %
average work　Flex average work　Ext	144.0　J 185.7　J	79.5　J 91.0　J	181.1　(55.2) % 204.0　(49.0) %
Total Work　Flex: Total Work　Ext:	1152　J 1486　J	555　J 636　J	207.6　(48.2) % 233.7　(42.8) %
Peak Power　Flex (Rep): Peak Power　Ext (Rep):	114　W (3) 141　W (2)	100　W (4) 109　W (6)	113.4　(88.2) % 128.8　(77.7) %
Average Power　Flex: Average Power　Ext:	100　W 129　W	69　W 79　W	145.7　(68.7) % 162.3　(61.6) %
End of Motion 1: End of Motion 2:　(Range Motio)	+　12 ° +　87 °　(75°)	+　19 ° +　80 °　(61°)	123.0　(81.3) %
Number of repetitions of the set: Calculated repetitions of the set:	8　Rep. 1 - 8	7　Rep. 1 - 7	

图 37-38　膝关节屈伸肌群肌力测试报告

（四）核心区域力量和稳定能力的实验室评估

测试目的

本测试需了解实验室环境下测试核心区域屈伸与旋转力量的方法，通过测试躯干屈伸和旋转肌群等速向心收缩的最大肌力矩，测评主动肌与拮抗肌肌力对比，同时可以小组为单位，比较不同受试者核心区域力量的大小，对受试者核心区域力量进行定量评估。通过左右侧最大力矩比值来评估躯干屈伸和旋转模式下的稳定程度，为测试者进行躯干的力量训练做出指导。

测试仪器

ISOMED2000 等速测力系统(德国)，腰背屈伸、旋转单元。

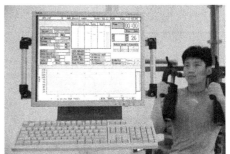
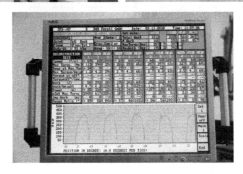

图 39-41　核心区域力量和稳定能力的实验室评估示意图

测试步骤

1.机器预热后，安装相应组件，录入受试者的基本信息，输入测试方案，并带领受试者进行准备活动。

2.调整训练椅。受试者坐到指定位置。通过激光定位器对关节运动轴心进行准确定位，并选择对应适配器与测力计连杆连接，然后设置好机械限位进

表 12　核心区域力量和稳定能力的实验室评估测试方案

	角速度	重复次数	休息时间 (秒)	间隔时间 (秒)	角速度	重复次数	休息时间 (秒)
左侧旋转 (度/秒)	60	6	60	60	120	8	60
右侧旋转 (度/秒)	60	6	60	60	120	8	60
腹部屈曲 (度/秒)	60	6	60	60	120	8	60
腰背伸展 (度/秒)	60	6	60	60	120	8	60

行测定。

3.开始按预先输入的测试方案进行测试。在测试过程中应设置好机械限位,注意严格监督受试者的身体姿态和关节运动轴线与测力计连杆运动轴线的重合,监督并鼓励受试者要尽力完成每一个动作,提高测试的信度与效度。

测试结果

分别对 5 名受试者的屈伸、旋转力矩值进行比较,找出屈肌群和伸肌群力量最大以及最小的受试者。计算出 5 名受试者的屈/伸肌群、左旋/右旋肌群力矩比值,组间对比,比值过小说明核心区域力量不平衡,提示加强核心区域肌群力量训练。评定公式如下:

核心区域力量=左侧旋转相对峰值力矩+右侧旋转相对峰值力矩+腹部屈曲相对峰值力矩+腰背伸展相对峰值力矩

核心区域稳定性=(左/右旋转肌群力矩比值+屈/伸肌群力矩比值)/2

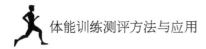
表 13　受试者核心区域力量和稳定能力测试结果表

姓名	左侧旋转相对峰值力矩	右侧旋转相对峰值力矩	左/右旋转峰力矩比值	腹部屈曲相对峰值力矩	腰背后伸相对峰值力矩	屈/伸峰力矩比值	核心区域力量	核心区域稳定性
受试者 1								
受试者 2								
受试者 3								
受试者 4								
受试者 5								

(五)核心区域力量和稳定能力的运动评估

测试目的

核心区域力量和稳定性的间接测评是依托人体运动轴心和运动平面,将人体传统的身体姿态从纵立位变为横桥位、侧卧位和仰卧位,在测试中不断变换支撑姿态,打破身体原有平衡,对受试者核心区域的力量和稳定性进行评定。测试不仅要求核心区的大肌肉群进行收缩,同时也需要深层肌肉以及脊柱周围的小肌肉群积极参与收缩,以确保人体的整个核心柱像一个"刚体"一样,进而为力量传递和保持身体姿态提供一个稳定的基础。测试强调全身肌肉的协调控制,完善人体的运动链,改进完成一般动作表现形式的效果和经济性,来提高专项技术利用体能的效率,进而提高运动的表现。

该测试是对运动链进行整合,注重受试者在各个方面身体姿态的控制能力的评定,以达到身体的整体平衡与协调,同时融合本体感觉,使神经和肌肉系统有机结合,进行多关节、多平面、多运动轴的测评,有利于提高身体的控制与平衡能力。该测评方案还能解决因昂贵测试仪器限制而无法进行核心区域能力测评的问题。

测试仪器

秒表、垫子。

测试步骤

1.带领受试者做全身性准备活动。具体活动内容可根据测试自行设计。

2.讲解测试程序：

(1)抗屈曲测试，主要评估受试者前侧链核心区域对抗躯干向前屈曲的能力，测试需受试者按照顺序连续完成共 6 个动作，每个动作 30 秒，测试人员记录完成时间。

动作 1：平板支撑 30 秒。

动作 2：在此基础上抬起右手向前平伸，保持 30 秒。

动作 3：放下右手抬起左手，保持 30 秒。

动作 4：放下左手，抬起右腿向后平伸，保持 30 秒。

动作 5：放下右腿，向后平伸左腿，保持 30 秒。

动作 6：回归起始动作保持 30 秒。

图 42-47　抗屈曲动作示意图

（2）抗旋转测试，主要评估受试者侧链核心区域对抗躯干旋转的能力，测试需受试者按照顺序连续完成共 8 个动作，每个动作 30 秒，测试人员记录完成时间。

动作 1：曲右臂支撑，保持 30 秒

动作 2：曲左臂支撑，保持 30 秒

动作 3：抬起左腿，膝关节伸直，与地面平行，保持 30 秒。

动作 4：抬起右腿，膝关节伸直，与地面平行，保持 30 秒。

动作 5：右腿折叠屈髋屈膝 90°，与地面平行，保持 30 秒。

动作 6：左腿折叠屈髋屈膝 90°，与地面平行，保持 30 秒。

动作 7：曲臂平板肘撑姿势，同时伸直左手、右腿，与地面平行，保持 30 秒。

动作 8：同时伸直右手、左腿，与地面平行，保持 30 秒。

图 48-55 抗旋转测试动作示意图

(3)抗伸展测试,主要评估受试者背侧链核心区域对抗躯干向后伸展的能力,测试需受试者按照顺序连续完成共 3 个动作,每个动作 30 秒,实验人员记录完成时间。

动作 1:仰卧挺髋,保持 30 秒。

动作 2:抬起右腿,与躯干呈一条直线,保持 30 秒。

动作 3:收回右腿,抬起左腿,与躯干呈一条直线,保持 30 秒。

3.受试者熟悉测试流程与测试环境,休息 5 分钟后可进行测试。

4.依次完成 3 组测试动作,每组测试动作间间歇 3 分钟。受试者根据自身情况完成 2~3 次测试,取最好成绩进行记录。

图 56-58　抗伸展测试动作示意图

5.评分方法：

根据核心区域力量和稳定能力运动评估的评分表找到对应得分,将得分带入如下公式,计算出核心区域力量。核心区域力量计算公式如下：

核心区域力量=抗屈曲测试得分×0.395+抗旋转测试得分×0.413+抗伸展测试得分×0.192。

表 14　核心区域力量和稳定能力运动评估的主要测试指标

得分	抗屈曲测试时间(秒)	抗旋转测试时间(秒)	抗伸展测试时间(秒)
10	≥180	≥240	≥90
9	163–179	217–239	82–89
8	145–162	193–216	73–81
7	127–144	169–192	64–72
6	109–126	145–168	55–63
5	91–108	121–144	46–54
4	73–90	97–120	37–45
3	□55–72	73–96	28–36
2	37–54	49–72	19–27
1	19–36	25–48	10–18
0	0–18	0–24	0–9

(六)肌力及肌电图的测定

测试原理

骨骼肌在兴奋时,会由于肌纤维动电位的产生、传导和扩布而发生动作电位变化,这种电位变化称之为肌电。用适当的方法将骨骼肌在兴奋时发生的电位变化引导、记录所得到的图形就叫作肌电图(EMG)。我们可根据肌电图直接判定肌肉的神经支配状况、肌肉的生理状态和在运动中各肌肉的工作情况。在测量时将电极放置在肌肉表面被测肌肉的肌腹处,与肌纤维走向相同,通过表面电极引导肌电信号测试方法简单,能准确地测量出某块肌肉的肌电变化,为肌电图的测量和分析提供较为统一的标准,测试方法简单,无损伤,能够反应整块肌肉的机能状态。

肌力与肌电图测试在体育科研中有较为广泛的应用:

首先,肌力与肌电图的测定能够测定神经的传导速度。在神经通路的两个或两个以上的点上给予电流刺激,从该神经所支配的肌肉上记录诱发电位,计算出神经的传导速度。

其次,肌力与肌电图的测定能够评定神经和肌肉的机能状态。在肌肉等长收缩至疲劳的研究过程中发现,在一定的范围内,肌电幅值随着肌肉疲劳程度的加深而增加,在肌肉的工作过程中,肌电的频率特性可随着肌肉机能状态的改变而发生变化。

再次,肌力与肌电图的测定能够评价肌力。当肌肉以不同的负荷进行收缩时,其积分肌电同肌力成正比关系,肌肉产生的张力越大,积分肌电越大。

最后,肌力与肌电图的测定能够进行动作分析。在运动过程中,可用多导肌电记录仪将肌电记录下来,再根据运动中每块肌肉的放电顺序和放电幅度,结合高速摄像等技术,对运动员的动作进行分析和判断,有效而及时地纠正运动员的错误动作,促进运动技能的形成和运动成绩的提高。

该测试主要学习肌电图的基本原理与记录方法,了解肌力与肌电图之间的关系。该测试利用肌电评价肌肉力量与神经募集,对特定动作进行分析

测试仪器

遥测肌电记录仪(ME6000,芬兰)、电脑、肌电电极、酒精棉球。

测试步骤

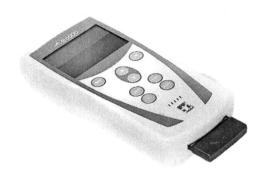

图 54　遥测肌电记录仪

1.运行遥测肌电专用 MegaWin 软件,录入受试者基本信息,保存。

2.新建测试方案,输入方案名称、选择设备配置、选择肌肉测量区域、选择信号源、选择测量模式。

3.使用酒精棉球擦拭受试者要测量的肌肉,祛除该位置的体毛。

4.粘贴电极于肌肉肌腹位置。

5.连接肌电记录仪和导线,打开肌电主机,与电脑相连。

6.点击 MegaWin 软件界面主菜单的功能选项,选择 ME6000 管理器,应用连接选择无线连接,点击无线通信。

7.确定测量方案和受试者无误后运行测量方案。

8.按开始按钮并开始测量,待电脑屏幕出现肌电信号后可打点,直至整个测量结束。

9.运动结束后,点击停止数据测量按钮,保存数据,关闭肌电测试仪,信号记录完成。

10.注意事项:

(1)确保选择正确的设备型号。

(2)确保测试前对皮肤进行脱脂处理,降低信噪比。

(3)确保各通道数据线正确连接。

(4)确保测试过程中对电极和导联线进行固定。

(5)确保干扰电极的正确粘贴位置。

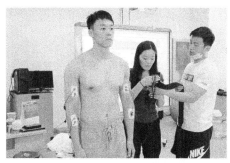

图 60-61　肌电测试示意图

测试结果

1.时域分析(肌电图放电振幅)

指标:积分肌电图(IEMG)、均方根振幅(RMG)。

肌电图放电振幅代表动作电位放电强度的大小,主要反映大脑皮层募集运动单位参加工作数量的多少和肌纤维本身参加收缩数量的多少。大脑皮层中同步参加工作的运动单位和肌肉中肌纤维同步性参与收缩数量越多,振幅就越大,反之就越小。积分肌电图和均方根振幅值可在时间维度上反映表面肌电图振幅的变化特征,两者受肌肉负荷因素和肌肉本身的生理生化过程内在联系影响较大,因此,时域分析指标常被用于实时的、无损伤反应肌肉活动的状态,具有较好的实时性。

2.频域分析(肌电图放电频率)

指标:平均功率频率、中值频率。

放电频率多少与运动单位兴奋性活动呈正相关,放电频率多少,决定了运动单位兴奋性活动的强弱,兴奋性活动越弱,放电频率越少,即放电间隔越长,随着兴奋活动的增强,放电频率也随之加快。肌电图放电频率能反应表面肌电信号在不同频率上的变化,能很好地反应表面肌电信号在频率维度上的变化。

3.EMG 信号分析方式

线性分析:(1)时域分析:积分肌电图(IEMG),均方根振幅(RMG),平均肌电值(AaverageEMG,简称 AEMG),过零率(Zero Crossing Rate,简称ZCR);(2)频域分析:平均功率频率(MPF),中值频率(MF)。

非线性分析:复杂度分析,有序度分析。

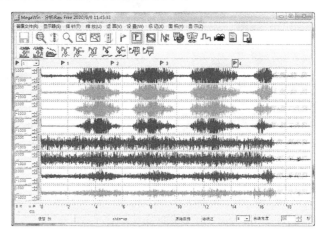

图 62　肌电测试数据

四、应用篇

前十字韧带,又称前交叉韧带(ACL),其位于膝关节内,连接股骨与胫骨,主要作用是限制胫骨向前过度移位。前十字韧带与膝关节内其他结构共同作用,来维持膝关节的稳定性,使人体能完成各种复杂和高难度的下肢动作。70%以上的前十字韧带断裂皆来自运动损伤,例如足球运动中与对方球员对脚发生外翻伤,篮球运动中带球过人时支撑腿膝关节发生急速扭转发生外旋伤等,骑电动自行车跌倒或是一些体质弱的人不慎跌倒,也可能导致前十字韧带损伤。

前交叉韧带损伤的主要临床表现分为急性期和陈旧损伤期,急性期的症状比较明显,多伴随疼痛、肿胀,还有关节内的积血。值得关注的是,有些人受伤之后并不是很在意,休息一段时间之后继续训练比赛,这样就慢慢发展成陈旧性的损伤。这个阶段基本没有痛感,但是在做灵敏练习,比如急起急停、变换方向等,会感觉膝关节突然发不上力、大腿发软等情况,运动员会觉察到自己的运动能力下降,做一些动作的时候不敢发力。这就产生明显的膝关节不稳,会严重影响膝关节功能,如果不及时治疗,关节出现反复扭伤,容易引起关节软骨、半月板等重要结构的损害,导致关节过早老化和骨关节病的发生。定量评估 ACL 患者膝关节肌肉功能、运动能力和稳定性是重返赛场的关键。

　　在实际的应用中,可将表面肌电联合等速肌力测试系统相结合,通过客观、精准的功能评估,测定 ACL 患者与健康者膝关节屈伸运动时等速肌力参数、股四头肌及腘绳肌的表面肌电参数的差异,为进一步优化 ACL 治疗方案和疗效评估提供参考依据。

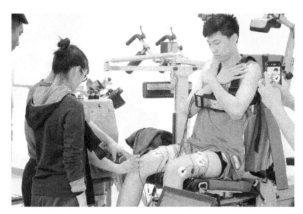

图 63　表面肌电联合等速肌力测试示意图

实验步骤

1.测试前准备

(1)输入受试者信息,参数设置为角速度 60°/s 的等速向心测试模式。

(2)粘贴电极:受试者俯卧位,充分暴露患者待测试肌群,用棉签蘸取75%医用酒精擦拭受试者膝关节周围皮肤,待皮肤干燥后,放置表面电极。电极安放位置参考如下:①股外侧肌,髌骨外侧缘上方 15 厘米肌腹隆起处;②股直肌,髂前上棘与髌骨上缘连线中点;③股内侧肌,髌骨内侧缘上方 5 厘米肌腹隆起处;④股二头肌,坐骨结节与腓骨小头连线中点;⑤参考电极置于测试电极的外侧。

2.测试要求及步骤

(1)将等速肌力测试系统校准后,受试者取坐位,采用角速度为 60°/s 的等速向心测试模式。A 类受试者(ACL 患者)在等速系统下进行屈伸运动10次,适应测试过程后,叮嘱其以最大力量进行最大范围的膝关节伸膝运动10次,取平均值作为 A 类受试者患侧样本参数,记录峰力矩(Peak Torque,PT)、

总做功量（Total Work，简称 TW）和腘绳肌与股四头肌峰力矩（Hamstring/Quadriceps,H/Q）。

（2）当 A 类受试者进行 60°/s 的等速向心肌力测试时，同步采集目标肌肉的平均肌电值和平均功率频率斜率。

（3）调转测力臂方向，固定 A 类受试者的非患侧，具体实施方法同步骤（1）和（2）。

（4）对 B 类受试者(无伤病)进行测试，方法同 A 类受试者。

有研究显示：在 60°/s 的等速肌力测试时 ACL 组患侧股四头肌和腘绳肌的 AEMG、MPFs 显著低于健康组，提示 ACL 患者股四头肌和腘绳肌肌力和耐疲劳性显著下降；ACL 患者患侧膝关节屈伸运动时 PT、TW 显著低于健康组，提示 ACL 患者屈膝和伸膝的运动能力显著下降，ACL 组患侧 H/Q 显著高于健康组，提示 ACL 患者股四头肌和腘绳肌的肌力不同步性降低，股四头肌下降更加明显，加剧膝关节不稳定。

2.主要测试指标

（1）峰力矩、总做功量和腘绳肌与股四头肌峰力矩。

（2）目标肌肉的平均肌电值和平均功率频率斜率。

表 15　两组受试者等速肌力参数比较

姓名	峰值力矩(N/m)		总做功量(J)		腘绳肌／股四头肌峰力矩(%)	
	健康侧	患侧	健康侧	患侧	健康侧	患侧
受试者 A						
受试者 B						

表 16　两组受试者平均肌电值比较(AEMG)

姓名	股外侧肌		股内侧肌		股直肌		股二头肌	
	健康侧	患侧	健康侧	患侧	健康侧	患侧	健康侧	患侧
受试者 A								
受试者 B								

188

表 17　两组受试者平均功率频率斜率比较(MPFs)

姓名	股外侧肌		股内侧肌		股直肌		股二头肌	
	健康侧	患侧	健康侧	患侧	健康侧	患侧	健康侧	患侧
受试者 A								
受试者 B								

如果不具备实验室测试的条件，可测试下肢水平爆发力和单腿力量,同时对双腿力量和控制能力做出比较，作为 ACL 术后患者重返赛场的补充测试。

测试步骤:在地上贴胶带作为起跳线。受试者充分热身后,受试者惯用脚单脚着地,脚尖抵在起跳线上。听到开始口令后,做三次单侧单脚连续跳跃,第三次跳跃后双脚落地,然后保持该姿势不动以便测量。受试者调整好后,回到起始位置换另一侧腿(非优势腿)重复测试,每侧腿各测试三次,每次测试之间间隔 30 秒到 1 分钟。

分别记录健康腿和受伤腿跳跃的距离。带入如下公式,对比健侧和患侧的差异,公式如下:

对称指数=(受伤腿测试距离/健康腿测试距离)×100。

对称指数=(非优势腿测试距离/优势腿测试距离)×100。

图 64-67　下肢水平爆发力和单腿力量测试示意图

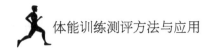

第七章　心肺功能

心率(Heart Rate,简称 HR)即每分钟心跳的次数,是反映心脏功能的指标。在日常训练与测试中,人们往往以安静时的心率情况、运动时地心率情况来确定运动负荷或通过运动后心率的相关指标进行运动疲劳的监控。

一、心率监测的种类

(一)基础心率

清晨起床前空腹卧位心率,即晨脉,一般比较稳定,数值会随着系统化训练年限的延长和训练水平的提高而变小。基础心率的突然增加往往提示着有过度疲劳或疾病的潜在风险。

(二)安静心率

清醒、不活动的安静状态下,每分钟心跳的次数,又称静息心率。正常健康人群的心率为 60~100 次/分,长期科学训练的运动员安静心率一般比较低,一般一分钟心率小于或等于 60 次。训练有素的耐力项目运动员安静心率可达 38 次/分。安静心率的变化有明显的个体差异,评价运动员安静心率时,应采用自身前后和运动过程中的比较。

(三)最大心率

运动时心率增加到最大限度的心率,又称极限负荷心率,随年龄的增加而逐渐减少。一般情况下,运动时心率的快慢与运动强度大小呈正相关,运动强度越大,心率越高。由于最大心率测试相对烦琐且具有一定风险,所以最大心率的相关测试进行的较少,人们通常使用推算公式进行计算:

针对智力障碍者:HRmax=189−0.56×年龄;

体脂>30%者:HRmax=200-0.5×年龄;

7~17 岁少年:HRmax=208-0.7×年龄;

Bruce 公式:HRmax=210-0.66×年龄。

表1　最大心率的相关研究情况

研究者	样本数	人群	年龄(岁)	公式(HRmax=)	发表年份
Sheffield	95	健康女性	19~69	216-0.88×年龄	1978
Hossack	104	健康女性	20~70	206-0.597×年龄	1982
Hossack	95	健康男性	20~73	227-1.067×年龄	1982
Hammond	156	心脏病患者	53.9	209-年龄	1983
Rodeheffer	61	健康男性	25~79	214-1.02×年龄	1984
Jones	100	健康男女	15~71	202-0.72×年龄	1985
Rocard	193	健康男女	未提	209-0.587×年龄	1990
Rocard	193	健康男女	未提	200-0.687×年龄	1990
Whaley	754	女性	14~77	209-0.7×年龄	1992
Whaley	1256	男性	14~77	214-0.8×年龄	1992
Inbar	1424	健康男女	20~70	205.8-0.685×年龄	1994
Graettinge	114	健康男性	19~73	199-0.63×年龄	1995
邢娟娟	101	男矿工	22~49	194-年龄	1997
Froelicher	1317	健康男性	28~54	207-0.64×年龄	2000
Fernhall	276	智力障碍患者	9~46	189-0.56×年龄	2001
Fernhall	296	健康男女	未提	205-0.64×年龄	2001
Schiller	53	西班牙妇女	20~75	213.7-0.75×年龄	2001
Schiller	93	北高加索妇女	20~75	207-0.62×年龄	2001
Tanaka	18712	男女(文献总结)	未提	208-0.7×年龄	2001
Tanaka	514	健康男女	18~81	209-0.7×年龄	2001

(四)运动后恢复心率

运动结束后测量的心率,下降速度的快慢反映受试者身体机能的恢复情

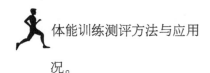

况。

二、影响心率的因素

(一)年龄、性别因素

一般情况下,婴幼儿的心率往往较快,新生儿的心率可达 130 次/分。心率随着年龄的增长而逐渐减缓,处在成长发育阶段的青少年的心率会高于成年人,在 15~16 岁右接近成年人的水平,老年人的心率通常相对较慢。与此同时,在成年人中,与男性相比,女性的安静心率通常较快,其原因可能是由于女性心排血量较少有关系。

(二)运动因素

通常来讲,经常进行体力劳动和体育锻炼的人,静息心率相对较低。尤其是对于经常进行耐力型运动的人,由于其心室容积增大,心脏的每搏输出量增加,使得其安静心率会明显低于正常水平,有些优秀的耐力运动员的静息心率可低至 50 次/分以下。

(三)其他因素

除上述原因外,其他许多原因都有可能造成心率的变化。比如,人在睡眠状态中的安静心率相对较慢,卧位休息时通常也比坐位休息和站立位休息时慢。除此之外,情绪、环境等因素都有可能对安静心率造成影响。所以在进行安静心率测量时,要充分考虑受试者的状态,包括:测试之前有无进行体育活动、是否过量进食、是否心情焦虑、是否服用可能影响心率的药物等,前一天的休息状态是否良好等。除个人因素外,还需要综合考虑外界环境,诸如室内外温度、气压或者海拔等因素。

三、靶心率与运动强度

靶心率(THR)是指通过有效锻炼提高心血管循环系统的机能时有效而安全的运动心率。早期研究人员和临床医生在指定其运动处方中,通常根据最大心率来确定靶心率。例如,运动处方中的个体强度为个体最大心率的70%~

85%,这一强度相当于最大摄氧量的 50%~70%,这一强度对健康状况良好的人来说,在锻炼最大摄氧量这方面都保证提供足够的刺激。其方法简便易行,但准确性欠佳,尤其是在计算低靶心率的情况时。

靶心率=[运动强度区间×(最大心率−安静心率)]+安静心率。

贮备心率(HRR)是最大心率与安静心率的差值。对于健康状况良好的人来说,贮备心率的 60%~80% 的运动强度相当于最大摄氧量的 60%~80%。对于整个人群来说,贮备心率的百分值与最大摄氧量的百分值更加接近,这一点对于需要较弱运动强度的人群来说至关重要。

运动强度是指规定内完成目标动作或运动时机体用力大小和紧张程度,反映了机体在运动时所能承受的生理和心理刺激。影响运动强度的主要因素有练习时的速度、负荷量和间歇时间,运动强度可分为低、中、高三个级别:

低运动强度: 在运动过程中平均心率区间≤100 次/分钟(最大心率的 50%~60% 的范围内)。散步就属于低强度运动,其对身体的刺激作用较小,心率变化区间也较小,体感不明显,适合于初期参加运动锻炼或体质较弱的人。

中等运动强度: 在运动过程中心率区间 100~140 次/分钟(最大心率的 60%~85% 范围内)。慢跑、健美操、骑自行车就是中等强度运动,其对身体的刺激强度适中,适用于具有一定运动习惯的人。

高运动强度: 在运动过程中心率≥140 次/分钟(超过最大心率的 85%)。如间歇跑、快速爬山、篮球比赛等都属于高强度运动,这些运动对身体的刺激强度较大,运动者呼吸急促,不适体感更加强烈,适用于有良好运动习惯且体质好的人。

通过最大心率确定运动强度的方式和通过贮备心率计算的方式都可以用来提高或者保持最大摄氧量,这两种方法的差异随着运动强度的增加而减小,但通过贮备心率的计算的方法能更准确地描述运动强度与最大摄氧量的关系。

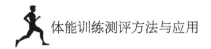

四、心率与运动疲劳

心率是一种评定运动疲劳的常用简易指标，人们经常通过基础心率、运动后即刻心率和心率恢复速度来判断疲劳程度。

基础心率是指清晨起床的安静心率，通常情况下基础心率相对比较稳定。如果训练后经一夜休息，静息心率增加5~10次/分钟，则认为存在运动疲劳积累的情况，如果连续几天持续增加，通常代表疲劳加深，应格外注意。

运动中的心率呈动态变化，通常随着运动强度的增大而增加，人们通常使用遥测心率的方法或用运动后即刻心率来代表运动中的心率，进而反应这次运动对身体带来的强度负荷。通常情况下，随着训练的进行和运动水平的提高，在完成定量负荷运动时，机体的心率变化往往呈现减少的趋势。如果在一段时间内，完成同样的负荷运动时出现心率增加的情况，则表示有疲劳积累的情况。

定量负荷运动后，心率恢复速度的快慢也可作为疲劳评定的指标。如果人体进行定量负荷运动后心率恢复时间变长，说明身体状态欠佳，可能存在疲劳的情况。比如，在30秒内完成20次深蹲的定量负荷运动，正常情况下心率可在3分钟内完全恢复，如果身体疲劳，恢复时间将会延长。

五、心率的测量
（一）测脉搏

心脏每分钟跳动的次数就是心率，通过触摸桡动脉或者股动脉的脉搏的跳动次数可代替心率。测量脉搏的方法需要在停止运动后进行测量，通过运动后心率代表的运动强度反映运动过程中的负荷强度。此方法无法反映运动过程中心率的动态变化，

图1　测脉搏示意图

尤其是当训练或者测试过程中存在多种项目或者强度时,测量者无法准确地得知不同项目类型的活动对人体的影响。

(二)可穿戴设备监测

随着科学技术的进步,为了能够准确得知运动训练以及实验测试中受试者的心率,许多实时心率监控设备得以发明。此类设备主要分为有心率带和无心率带两大类,有心率带的心率监控设备比如 POLAR、FITBOX 等是通过佩戴在胸口的心率传感器将信号无线传输到显示设备上,由于直接放在胸口上,其检测准确性相对较高,在训练和测试中使用得较为广泛。

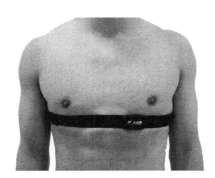

图2 检测心率的穿戴设备

在佩戴心率带时,需注意以下事项:

1.心率传感器应佩戴在胸口的正下方。

2.胸带背面需要湿润,使之紧贴皮肤,在胸部与发射器之间建立稳固连接。

3.汗水和盐分会降低测试的准确性,所以受试者佩戴心率带之前应保证皮肤清洁,并在每次测试完成后对心率带进行清洗。

4.清洗心率带时应使用少量温和的洗涤剂,不要使用包含刺激性物质、衣物柔顺物质、漂白剂、研磨物质的洗涤剂,且水温不要超过40摄氏度。

相对来说,无胸带的设备使用更加方便,但准确性较低。但近年来,一些相关研究使用无胸带心率测试设备,比如心率表、手环等,也有不错的准确性。

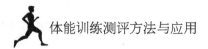

(三)主观用力感觉估算

瑞典斯德哥尔摩大学贡纳·伯格(Gunnar Borg)教授在 20 世纪 60 年代提出了自主用力感觉(Rating of Perceived Exertion,简称 RPE)的概念,并创立了评估不同工作和运动中用力感觉的方法,使粗略的定性分析变成半定量分析,其中最简单实用的就是体力感觉等级量表,也就是我们通常所说的 RPE。如果用 RPE 的等级数值乘以 10,相应的得数大约就是完成此负荷时的心率。

由于个体的运动技能和生理心理差异,不同运动方式中以相同强度测量得出的 RPE 可能不是完全一致的。但在实时心率难以测量或者服药后心率受到影响的情况下,RPE 在制订和执行运动处方与测试运动方案时的作用非常重要。

表 2 Borg 体力感觉登记表

RPE	主管运动感觉	相对强度(%)	对应心率
6	安静	0.0	
7	非常轻松	7.1	70
8		14.3	
9	很轻松	21.4	90
10		28.6	
11	轻松	35.7	110
12		42.9	
13	稍费力	50.0	130
14		57.2	
15	费力	64.3	150
16		71.5	
17	很费力	78.6	170
18		85.8	
19	非常费力	95.0	195
20		100.0	最大心率

六、心肺功能主要测试

(一)心功指数测试

测试目的

心功指数(Cardiac function index,简称 CFI)是瑞典体育联合会推荐的一种测量运动员心功能的简易方法,主要测试一般人群及运动员的心血管机能负荷,通过观察运动负荷前后心率的变化即心功指数来评价运动员心功能的水平,运动员运动后心率恢复越快则心功指数越低,心功指数越低表明心功能越好。

测试仪器

秒表、节拍器。

测试方法

1.受试者静坐 5 分钟,测量安静状态下 1 分钟的脉搏次数,记录为 H1。

2.受试者跟随频率为 60 次/分钟的节拍,在 30 秒内完成 30 次的全蹲动作。最后一次站起时,测量 1 分钟脉搏次数,记录为 H2。

3.休息 1 分钟后测量 1 分钟脉搏次数,记录为 H3。

图 3-5　心功能指数测试示意图

测试结果

1.计算公式:心功指数=(H1+H2+H3−200)/10。

2.评价标准：

表3 心功指数评价标准

心功指数	≤0	0~5	6~10	11~15	≥16
等级评价	最好	较好	一般	较差	最差

（二）最大摄氧量的直接测定

测试目的

人体在进行有大量肌肉参与的长时间激烈的运动中，心肺功能和肌肉利用氧的能力达到本人极限水平，单位时间内所能摄取的氧量称为最大摄氧量（maximal oxygen consumption，简称 VO_{2max}），人体在进行有氧耐力运动时，最大摄氧量反映了机体呼吸和循环系统氧的运输工作能力。

VO_{2max} 测试法是评价有氧耐力的最佳指标，是受试者心肺功能、肌肉耐力和意志品质的综合反映，常用于评定运动能力、运动员选材、评定运动员机能状态和训练效果等方面。通常采用递增负荷的形式反映运动员在极限负荷运动中的生理反应，进而评价人体维持最大有氧耐力的能力。受遗传（93.4%）、年龄、性别及训练等因素影响，最大摄氧量的测试结果有较大的个体差异。

最大摄氧量直接测试又称实验室测试（laboratory measurement）。受试者带上面罩等呼出气采集与传导装置在跑台上跑步，通过调节跑台的跑速、坡度级别使得受试者运动至力竭，然后将用专门仪器收集到的受试者呼出的气体纳入气体分析仪进行分析，确定其最大摄氧量。

测试仪器

VO2000 心肺功能仪、**COSMOS** 跑台、心率带。

测试方法

1.运动程序设置：测试时的起始负荷及递增时间与递增负荷要根据受试者的性别、年龄、运动项目和运动能力来确定。一般 VO_{2max} 测试时间为21分钟左右，起始功率为最大功率的30%，每级递增10%~15%。

2.选择测功器：有功率车、跑台、手摇功率计、攀爬机、划船测功器、游泳测功器等专项测功器。

3.输入受试者信息，指导受试者进行专项准备活动。

4.建立测试程序,选择测试方案:根据不同受试对象制定和选择不同的实验方法、种类和程序,包括但不限于恒定负荷方法、递增负荷方法(固定速度,递增坡度;固定坡度,递增速度;同时递增速度;同时递增速度和坡度)等跑台递增运动负荷方案,也可自行定义测试方案。本实验选用 BRUCE 方案进行测试:

(1)0~3 分钟:受试者以每小时 2.7km 的速度行走,坡度为 10%。

(2)3~6 分钟:受试者以每小时 4km 的速度行走,坡度为 12%。

(3)6~9 分钟:受试者以每小时 5.5km 的速度行走,坡度为 14%。

(4)9~12 分钟:受试者以每小时 6.8km 的速度慢跑,坡度为 16%。

(5)12~15 分钟:受试者以每小时 8km 的速度慢跑,坡度为 18%。

(6)15~18 分钟:受试者以每小时 8.9km 的速度慢跑,坡度为 20%。

(7)18~21 分钟:受试者以每小时 9.7km 的速度慢跑,坡度为 22%。

5.测试仪器校正及设置:按运动心肺测试系统的要求校准仪器的气体成分及气量。测定最大摄氧量所使用的工具和仪器分三部分:即负荷工具(跑台)、呼出气采集装置(面罩)及气体分析装置。

6.开始测试:

(1)受试者测试前进行 5 分钟的准备活动。

(2)静息指标检查:带好面罩、心率带,观察安静状态下的通气量及耗氧量、心率和呼吸商等指标是否符合要求,这些指标要在正常范围受试者才可以进入负荷测试状态。

(3)受试者进入负荷测试状态,判定标准如下。当以下 5 种情况中任何 3 种情况出现时可确定为 VO_{2max} 数值:

a.吸氧量不再继续增加

b.成人呼吸商大于 1.10,少儿呼吸商大于 1.00

c.受试者心率大于最高心率的 85%

d.受试者血乳酸大于 8.8mmol/L

e.如果摄氧量未出现而受试者已达精疲力竭程度,则取最大值作为最大摄氧量。

注意:在整个实验过程中,应监测受试者是否有喘息、皮肤发青或发白等

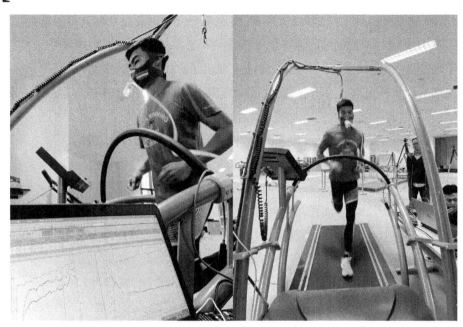

图 6-7　最大摄氧量测试示意图(实验室版)

图 8-9　最大摄氧量测试示意图(现场版)

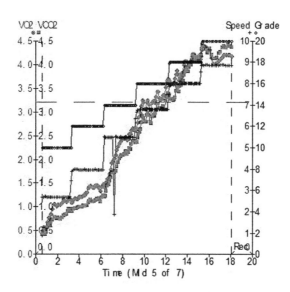

图 10　某受试者最大摄氧量的变化速度

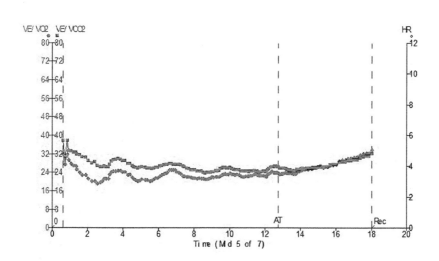

图 11　某受试者最大摄氧量

现象和腿抽筋、头晕、胸痛等症状,如果出现,则需要终止实验。

测试结果

表 4　分析数据表

Time	Speed	Grade	VO$_2$	VO$_2$	VCO$_2$	RER	RR	Vt BTPS	VE BTPS
(min)	(KPH)	(%)	(mL/kg/min)	(mL/min)	(mL/min)		(br/min)	(mL)	(L/min)
0:37	2.7	10	7.4	510	430	0.84	14	1165	16.3
0:43	2.7	10	8.4	580	530	0.91	31	514	15.9
0:51	2.7	10	7.4	510	430	0.84	14	1165	16.3
VO$_{2max}$	…	…	…	…	…	…	…	…	…
15:21	8.9	20	63.8	4402	4408	1	43.39	2677	116.6
15:31	8.9	20	63.7	4396	4398	1	32.29	3582	116.8
15:41	8.9	20	63.3	4370	4328	0.99	25.22	4635	118.2
15:51	8.9	20	62.3	4296	4252	0.99	20.69	5555	117.1
…	…	…	…	…	…	…	…	…	…
17:41	8.9	20	61.1	4214	4430	1.05	16.79	8171	137.3
17:51	8.9	20	60.9	4202	4392	1.05	16.79	8147	136.9
18:01	8.9	20	60.5	4176	4376	1.05	17.19	8177	140.6

为确保测试数据的准确性,除需要先进的气体分析设备、受试者在实验过程中全力以赴之外,还要有经验丰富的实验人员来判定数据拐点的位置。此外,当受试者主动要求停止测试时,实验人员可通过观察受试者主动要求停止测试时的疲劳程度和技术动作变形程度等判断该实验的信度与效度。

最大摄氧量值根据年龄、性别、训练水平、项目等的不同有很大的差异:正常成年男子最大摄氧量的绝对值为 3.0~3.5L/min, 相对值为 50~55ml/kg/min;正常成年女子最大摄氧量的绝对值为 2.0~2.5L/min,相对值为 40~45ml/kg/min。

心肺耐力的测试,可以推算出受试者相对应的最大摄氧量,并以 75% 的储备摄氧量来计划个人的马拉松配速。

表 5 心肺功能与马拉松配速关系

VO$_{2max}$	跑速	配速	5km	10km	半程	全程
31.5	6.5	9'13"	0:46	1:32	3:14	6:29
33.3	6.9	8'39"	0:43	1:27	3:03	6:05
35.0	7.4	8'10"	0:41	1:22	2:52	5:44
38.5	8.2	7'20"	0:37	1:13	2:35	5:09
42.0	9.0	6'39"	0:33	1:06	2:20	4:40
45.5	9.0	6'05"	0:30	1:01	2:08	4:17
49.0	10.7	5'36"	0:28	0:56	1:58	3:56
52.5	11.6	5'12"	0:26	0:52	1:50	3:39
56.0	12.4	4'51"	0:24	0:48	1:42	3:24
59.5	13.2	4'32"	0:23	0:45	1:36	3:11
63.0	14.1	4'16"	0:21	0:43	1:30	3:00
66.5	14.9	4'01"	0:20	0:40	1:25	2:50
70.0	15.8	3'49"	0:19	0:38	1:20	2:41

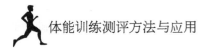

附：

心肺运动测试知情同意书

姓名：_____ 性别：_____ 年龄：_____ 身高：_____ 体重：_____

尊敬的受试者,您好!

根据您的运动需要,我们将运用心肺运动实验对您进行运动测试,根据身体状态选择相应的测试项目,测试时间因人而异,为了充分尊重您的知情权和选择权,更好地配合工作人员的试验,对您进行告知。

一、心肺运动实验介绍

心肺运动实验是运用呼吸代谢方法确定受试者运动能力的测试,测试人在休息、运动以及运动结束时的恢复期每一次呼吸的氧摄取量(VO_2)、二氧化碳的排出量(VCO_2)和通气量(VE)及心率、血压、心电图;结合受试者运动时出现的反馈,全面客观地把握受试者的运动反应、心肺功能储备和运动能力极值的检测方法。

二、测试目的

1.明确个人生理参数及运动能力。

2.观察在运动状态下的身体各项生理机能的稳定性和潜力值。

3.精准测量个人心功能如最大心功率、最大摄氧量等运动指标参数。

4.精确测量个人肺功能如最大通气量、每次最大呼出量和肺活量等参数。

5.精确测量个人代谢数据如碳水化合物代谢量、脂代谢量等参数。

三、潜在风险

一般情况下心肺运动实验是安全的,但是极个别人在运动时可能会出现以下情况：

1.新出现或加重的心绞痛

2.中枢神经系统症状,如共济失调、头晕或接近晕厥

3.末梢低灌注情况:面色苍白、紫绀

4.疲乏、气促、喘息、腿痉挛或间歇性跛行

5.严重高血压(240/140mmhg)

6.运动中收缩压下降>10mHg

7. 在无 Q 波的导联（不包括 V1 个 aVR 导联）出现 ST 段抬高（≥ 1.0mm）;ST 持续性压低,或心电图轴明显偏移

8.复杂的窦性心律失常、室上性心动过速、显著的心动过缓

9.休克或心力衰竭

10.严重心率失常或诱发急性心肌梗死

为了受试者安全,设备操作人员由医疗卫生专业人士操作,同时会密切观察您在运动中气体代谢状况,血压、心率、心电图变化等情况。我们会随时询问您的感受,发现有异常情况及时停止试验,绝大多数不良情况一般可经休息后缓解。如未能缓解,我们会尽最大能力予以治疗。

工作人员签名:　　　　　　　　　　　　　　　　年　　　月　　　日

受试者签名:　　　　　　　　　　　　　　　　年　　　月　　　日

(三)最大摄氧量的间接测定

测试目的

有氧能力的直接测定对仪器设备、操作方法、健康状况和训练水平都有较高的要求,只适用于实验室条件和训练有素者。为了使更多的人进行有氧能力的测试,在直接测试方法的基础上发展出多种间接测试方法,这些间接测定方法简单易行、有效客观。

用 VO_{2max} 的相对强度所测得值推测 VO_{2max} 的方法，称为 VO_{2max} 间接测定法,适用于不能(如老人、幼儿、术后康复或体弱的人群)或不愿接受 VO_{2max} 直接测试的人群。最大摄氧量的间接测试分为规定时间的测试和规定距离的测试,实验人员可根据受试者的运动水平和运动年限进行测试方案的选取。

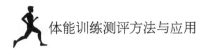

测试仪器

400 米田径场(或距离标准的密闭场地)、秒表、皮尺。

测试方法

1.测量受试者体重、年龄与性别等基本信息。

2.实施不同测试方案:

方案一:1 英里走测试(1 英里=1609.3 米,即 400 米标准田径场 4 圈+9.3 米)。受试者快速走完全程,以分钟为单位记录完成的时间成绩,并测量即刻心率(10 秒脉搏×6),代入公式计算数值。

方案二:12 分钟跑测试。标准田径场地,受试者在规定 12 分钟内尽力跑最长的距离,当听到终止信号后变为原地跑步,记录员记录圈数并丈量距离。根据跑动距离进行数值推算。

方案三:1.5 英里跑测试(1.5 英里=2413.95 米,即 400 米标准田径场 6 圈+13.95 米)。受试者根据自己能力控制跑的速度完成全程,记录完成成绩(分),测量即刻心率(10 秒脉搏×6),代入公式计算数值。

测试结果

1 英里走测试结果:

男子:VO_{2max}=139.15−(0.1692×体重)−(0.3877×年龄)−(3.2649×成绩)−(0.1565×心率)。

女子:VO_{2max}=132.835−(0.1692×体重)−(0.3877×年龄)−(3.2694×成绩)−(0.1565×心率)。

1.5 英里跑测试结果:

VO_{2max}=[483/跑步时间(分钟)]+3.5

表6 1英里走/1.5英里跑有氧能力评价表

男子	年龄		女子	年龄	
	20~29岁	30~39岁		20~29岁	30~39岁
超强	≥55.5	≥54.1	超强	≥49.6	≥47.4
优秀	51.1~55.5	48.3~54.0	优秀	43.9~49.5	42.4~47.3
良好	45.6~51.0	44.1~48.2	良好	39.5~43.8	37.7~42.3
一般	41.7~45.5	40.7~44.0	一般	36.1~39.4	34.2~37.6
较差	38.0~41.6	36.7~40.6	较差	32.3~36.0	30.9~34.1
很差	≤37.9	≤36.6	很差	≤32.2	≤30.8

表7 12分钟跑有氧能力评价表

跑动距离	评价等级	VO_{2max}(mL/kg.min)
>9圈,3600米	长跑运动员	70
8.5—9圈,3400米	运动员	67
8—8.5圈,3200米	大学生	62
7—8圈,2800米	优秀	55
5—7圈	较好	45
4—5圈	一般	30

七、应用篇

心肺功能测试方案的选择和程序化执行能直接影响结果的准确性。在最大摄氧量的直接测定中,Bruce方案适合有长时间科学训练的人群,而中老年或没有经过体育训练的人群并不适合该方案,他们可选择次极限运动测试的自行车YMCA方案。在间接测试最大摄氧量的三种方案的实际应用中,1英里走适合中老年人和没有专业运动经验的人群,12分钟跑常用在大多数人群的心肺功能水平的测试中,针对高水平运动员或训练有素的人员,常采用1.5英里跑来进行最大摄氧量的间接测试。总之,要根据现有仪器设备,结合受试者不同需求选择测试方案,同时要保证测试流程前后一致,把前测和复测的误差降到最低。

在学校体育教学中,可通过心率监控系统对体育课的密度、强度等进行数字化实时监控。这里会用到掌握 POLAR 团队训练系统 Team 2 测试法,该系统与心率带相连,透过收集及分析受试者运动时的心率数据,实时记录及监测受试者在不同运动环境中的负荷强度,了解受试者身体状况并及时做出客观的决定。上课时,利用 POLAR 训练负荷指标来分析训练的强度及恢复时间,可为每一位学生建立个人档案,档案含学生的身体状况、整体表现、训练强度以及过去的资料记录,进而确保把学生的体能提升至最理想的水平,并且避免受伤及训练过度。

实际操作时,学生带上 Team 2 心率传感器,按照教师预先设定的方案进行上课,所需要数据会实时显示在移动端的屏幕上,依据练习者的心率曲线图分析和监控受试者的运动负荷,心率曲线图结果横向比较,可以发现哪些同学在练习中努力练习、哪些同学偷懒。通过心率的监控,教师可以及时提醒学生提高或降低练习强度,提高体育教学的安全性。

如在同一年龄段超重男性大学生分别以 20%~40%、40%~60%心率储备强度运动减脂四周,根据其减脂效果,探讨运动减脂靶心率及其对应绝对运动负荷的变化规律,为通过心率表建立科学的减脂运动强度提供依据。

Training Session Report
2013/11/20 - 健身 10:05-11:08

	(时长)	心率 最低	心率 平均	心率 最高	在运动区内的时间 50-59	60-69	70-79	80-89	90-100	高于阈值	训练负荷	Kcal
李XX	00:46:02	96	143	185	00:08:10	00:18:35	00:09:50	00:08:39	00:00:48	00:01:09	75	337
Max心率: 206		24.0%	56.0%	85.0%	17.6%	40.4%	21.4%	18.8%	1.8%	2.5%	104.2%	106.0%
尚X	00:46:13	94	144	198	00:09:42	00:17:55	00:08:19	00:06:57	00:03:20	00:04:30	78	306
Max心率: 207		23.0%	57.0%	93.0%	20.9%	38.8%	18.0%	15.1%	7.2%	9.7%	105.4%	106.3%
孙晴	00:44:24	93	138	194	00:11:41	00:19:15	00:08:26	00:04:14	00:00:48	00:01:02	61	289
Max心率: 207		22.0%	53.0%	91.0%	26.3%	43.4%	19.0%	9.5%	1.8%	2.3%	103.4%	102.8%
王XX	00:46:09	99	140	184	00:07:54	00:21:36	00:10:07	00:06:08	00:00:24	00:00:36	68	313
Max心率: 206		26.0%	54.0%	84.0%	17.1%	46.8%	21.9%	13.3%	0.9%	1.3%	104.6%	106.5%
王XX	00:40:04	116	153	220	00:00:48	00:13:07	00:16:40	00:07:26	00:02:03	00:02:29	80	262
Max心率: 207		38.0%	63.0%	108.0%	2.0%	32.7%	41.6%	18.6%	5.1%	6.2%	100.0%	99.6%
王XX	00:46:13	49	142	224	00:18:33	00:09:02	00:06:39	00:05:16	00:06:43	00:07:42	91	356
Max心率: 207		0.0%	55.0%	111.0%	40.0%	19.6%	14.4%	11.4%	14.6%	16.7%	102.2%	105.6%
许XX	00:45:51	95	151	197	00:05:01	00:14:16	00:12:58	00:09:29	00:04:07	00:05:24	92	356
Max心率: 206		23.0%	62.0%	93.0%	10.9%	31.1%	28.3%	20.7%	9.0%	11.8%	103.4%	105.6%
于X	00:45:47	81	143	199	00:09:57	00:15:16	00:11:37	00:07:39	00:01:18	00:01:45	73	294
Max心率: 207		14.0%	56.0%	94.0%	21.6%	33.4%	25.4%	16.7%	2.9%	3.9%	102.8%	104.6%
张XX	00:46:02	66	153	215	00:09:24	00:09:51	00:09:26	00:08:36	00:08:45	00:09:44	103	305
Max心率: 207		4.0%	63.0%	105.0%	20.4%	21.4%	20.5%	18.7%	19.0%	21.2%	103.0%	105.2%

图 12　超重男性大学生减脂运动中的心率变化

在减脂运动过程中,如果单从脂肪的供能速率来看,运动过程中脂肪分解、氧化最佳的运动强度是以最大摄氧量的 50%~70%和最大心率的 60%~80%。但仅仅考虑能量供应确定运动强度较为片面,在减脂运动中,运动者的性别、运动能力、肥胖程度、运动时间等因素都有很大影响。本实验锁定相同年龄段且 BMI 指数显示超重的非体育类男性大学生,设定相同运动任务且运动时间超过 30 分钟,但要求其以不同负荷完成,以观察通过 20%~40%、40%~60%两种心率储备强度进行减脂运动对此类人群的锻炼效果,进而分析以此两种强度锻炼的不同以及通过心率建立减脂运动处方的可行性。

同样,还可对同一年龄段不同 BMI 指数水平的女生完成相同运动时心率差异进行探讨。BMI 指数从一定程度上反映了一个人的肥胖程度和体质。心率的情况代表了机体完成某一负荷运动时的反应,进而反映运动强度,而运动后的即时脉搏可以被当成反映运动负荷心率的一种简易方法进行掌握。相同年龄段且性别相同的人群最大心率基本相同。我们可以探究在某一年龄段的女生中,不同 BMI 指数对运动时心率的影响,进而讨论 BMI 指数对运动强度是否会产生影响以及通过心率反映运动强度是否存在局限性。

在相同年龄段的人群中,计算选取 BMI 指数小于 18.5、大于等于 18.5 且小于 25、大于等于 25 的人群各 5 人。做好相关保护措施,连接好保护带,让受试者以 8 千米/小时的速度在跑台上进行 20 分钟的运动,运动过程中时刻关注受试者状态并询问主观感受,如受试者出现强烈不适等症状及时停止实验。运动结束后立即通过脉搏计算心率,视作运动强度。这样既能够了解通过脉搏计算心率这种方法的特点(包括优势、劣势等),也能够掌握所进行试验的有效性与局限性。

在竞技体育中,由于心率与负荷强度、能量代谢在某种程度上呈线性关系,通过心率的变化能够相对准确地了解身体机能对运动刺激的即刻反应和适应程度。同时,由于心率对运动的刺激反应比较敏感,能够确切地反映受试者身体负荷的不同变化,基于实时监测的结果,可对运动过程中的体能表现结果进行比较与评价,进而用于运动实践,在训练阶段和比赛过程中提供帮助。通过模拟比赛中的运动心率变化能够更准确地了解某位运动员在比赛进程中各个阶段的变化,进而对其训练和比赛中的体能分配提出合理建议。

根据国家体委体育科学研究所的研究结果,根据受试者心率的变化,将运动划分为五种强度等级。

表 8 运动强度等级

	第一区间	第二区间	第三区间	第四区间	第五区间
心率(次/分)	≤119	120-139	140-159	160-1798	≥180
	一般活动	小强度	中等强度	大强度	极限强度

在赛前为运动员佩戴心率带等实时心率监控设备。赛中对该受试者的比赛过程进行录像,在比赛开始和结束不同阶段在心率记录上进行标记,方便心率监控与比赛记录同步。对照运动强度等级表,将该运动员各级别的运动强度进行统计。同时,根据其比赛录像的结果将该运动员的进攻、防守、场间休息、暂停等阶段分别与其改时间的心率同步,并判断其该阶段的身体负荷程度(或适应程度)如何,休息阶段的恢复情况如何,在那些阶段存在疲劳情况、疲劳多久能恢复等,将其运动表现更有针对性地(例如在运球时、投篮时、掩护进攻时、快速回防时、交换防守时等)进行评价,并结合其该阶段的心率情况,判断该运动员在本次比赛中完成某些运动任务时身体负荷程度如何,进而对其进行更有针对性地训练或在战术中对其进行调整。

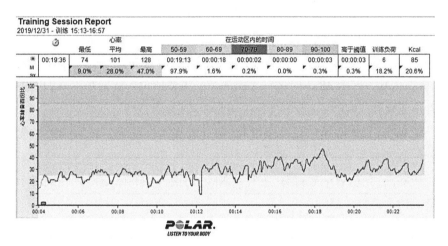

图 13　某运动员一堂训练课的心率区间变化

团体项目可根据测试结果评估不同位置运动员的心率水平(安静心率、最大心率、贮备心率、心率恢复速率等),如排球运动中主攻和副攻、篮球运动中后卫和前锋等,结合运动员的角色位置、技术特点和体能状况,制定不同的训练计划。

不同程度的血流限制方案还可应用到有氧运动中心肺功能的评定上。体血液循环系统的主要功能之一就是进行氧(O_2)、二氧化碳(CO_2)以及其他代谢产物等的运输。因此,当对肢体近心端血管施加一定的压力限制血液循环时,就会造成肢体远心端供血量的不足和静脉回心血量的减少。如果在这种条件下进行运动,就有可能产生对运动肌肉的供氧不足和乳酸排出困难等情况。根据生物的适应性原理,如果环境变得严酷,生物就会启动为了适应严酷环境而使机能更强的机制。因此,如果在肢体血流受到限制的条件下进行运动,就会迫使人体产生既适应像高原那样的缺氧环境,又适应因乳酸无法顺利排出而造成的酸性环境的机能变化,其结果是人体的有氧代谢能力和消除乳酸能力得到大幅度的提高。同加压条件下进行周期性有氧运动时的生理强度,制定针对不同运动能力的加压训练计划,最终获得更好的增肌和耐力训练都具有非常重要的意义,可了解不同加压条件下跑步时的生理负荷。

我们选取了 20 名健康男性大学生,其各项指标均无显著性差异,随机分成 4 组(A 组,B 组,C 组,D 组),在腿部捆绑加压绑带,并在 4 种不同气压压力(A 组 160mmHg,B 组 180mmHg,C 组 200mmHg,D 组 240mmHg。)条件下,以 7km/h 速度运动 3 分钟后,以每分钟递增 1km/h 速度方式进行递增速度运动,直至力竭。间隔 48 小时进行 1 次测试。主要评定受试者在不同加压压力条件下无氧阈、最大摄氧量等指标出现时各项指标的差异。

无氧阈:人体在递增负荷强度时,由有氧代谢供能开始转换成无氧代谢功能的临界点

无氧阈速度:VO_2 无氧阈:通气无氧阈,用通气和气体交换改变来表示的无氧阈称为通气无氧阈。

心率无氧阈:在中等以下强度运动时,心率随速度的增加而直线上升,当到达一定强度时,速度比心率增加得更快,斜率小,线性消失,心率-速度曲线出现转折,此转折点即为心率无氧阈。

表 9　不同加压压力下力竭速度、最大通气量、最大心率和运动血乳酸情况

加压压力 /mmHg	力竭速度 /(km/h)	最大通气量 /(L/min)	最大心率 / bpm	运动血乳酸 /(mmol/L)
0	17.6±0.86	143.1±21.4	190.8±8.8	9.9±2.5
80	16.9±0.80*	147.4±15.3	190.3±8.8	9.4±2.7
160	16.3±0.80*	144.3±23.2	189.1±10.0	8.7±2.9
240	15.8±1.10*	144.9±26.1	187.8±9.6	9.0±1.5

如何以测试数据指导日常的健身锻炼呢?

在有氧运动强度制定中,安静心率、最大心率、最大摄氧量是常用的测试指标,其中安静心率可以直接测得,最大心率、代谢当量和最大摄氧量是在递增强度负荷实验中测得的最大值。利用这些数值,可以对受试者有氧运动练习的强度予以准确定量化的设定, 使目标强度的设置更具专项化和个体化,训练和健身的效果更为显著。

有氧运动强度的计划设定是运动处方的重要内容,这里摘编《ACSM 运动测试与运动处方指南(第九版)》(2018 年)的有关内容,根据受试者的具体信息资料和计划推荐的运动强度,举例描述有氧运动强度和方案的设定方法。

1.应用 HRR(心率储备)法设定目标强度的心率范围设定

(1)受试者资料

安静心率:65 次/分钟。

最大心率:185 次/分钟。

计划运动强度范围:50%~60%。

(2)计算公式:目标强度心率范围=(最大心率-安静心率)×目标强度+安静心率。

(3)目标强度心率上限=(185-65)×50%+65=125 次/分钟;目标强度心率下限=(185-65)×60%+65=137 次/分钟。

(4)目标强度心率范围:125~136 次/分钟。

2.应用 HRmax(最大心率)法设定目标强度心率范围的设定

(1)受试者资料

50 岁男性,计划运动强度范围:70%~80%。

(2)推测最大心率(可通过测试得出最大心率)。

Bruce 公式:=210-0.66×年龄=210-0.66×50=177。

(3)强度计算公式:目标强度心率=最大心率×目标强度。

(4)目标强度心率上限=177×70%=124。

　　目标强度心率上限=177×80%=142。

(5)受试者目标强度心率范围:124~142 次/分钟。

3.利用代谢公式确定使用跑步机跑步的速度

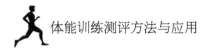

（1）受试者资料

32 岁男性，体重 59kg，身高 177.8cm，最大摄氧量 54ml/（kg.分钟），计划跑台坡度 2.5，计划运动强度 80%。

（2）代谢公式：VO_2=3.5+（0.2×速度）+（0.9×速度×坡度%）。

（3）确定靶向摄氧量=0.8×54=43.2ml/（kg.分钟）。

（4）确定跑台速度。

VO_2=3.5+（0.2×速度）+（0.9×速度×坡度%）。

43.2=3.5+（0.2×速度）+（0.9×速度×2.5%）。

39.7=（0.2×速度）+（0.0225×速度）。

39.7=0.2225×速度。

速度=178.4 米/分钟=10.7 千米/小时。

跑台速度为：10.7km/h。

随着科学技术水平的提高与价格成本的下降，便携心率监控设备在可用性和技术设计方面得到了改善。越来越多的人群开始通过可穿戴心率设备来监控自己的运动强度和运动效果，这对从事周期性项目的运动员和想要监控自身状况的人来说，无疑是个很好的选择。科研人员可对监控数据进行分析，避免了仅仅依靠主观感觉影响练习效果的短板。

总之，在心肺功能测试开始前，应充分了解受试者的健康水平、运动习惯和训练计划，根据运动的特征对测试方案进行调整，减少误差的出现，从而使心肺功能的测评方案更加有针对性。体能教练和相关科研人员可根据受试者心肺功能水平，制定个性化训练方案，实现维持或提高有氧运动能力的训练目标。

第八章　柔韧与灵活

柔韧性(Flexibility)是指肌肉、肌腱和筋膜等其他组织的弹性、伸展能力和延展性。通过促进关节周围软组织的延展性来提高关节及关节系统的活动范围,能够使周围软组织获得足够量的伸展。

灵活性(Mobility)是指关节能达到的活动范围(ROM)以及在这个活动范围内移动的容易程度。关节能达到的活动范围可分为主动活动范围(AROM)和被动活动范围(PROM)。活动范围的大小取决于关节的结构与形状,关节的运动形式和运动时关节数目等因素。

关节活动范围评估的基本步骤如下:

首先,关节活动范围的整体主动评估,如FMS深蹲测试对下蹲动作模式中肩、髋、膝、踝等多关节联动的评估、肩部测试模式中对肩关节单关节的评估等。

其次,动力链活动范围的整体被动评估,如SFMA中胸椎活动范围的被动干预测试。

再次,髋关节的肌肉长度测试。

最后,单关节活动范围测试需要注意的是,在进行灵活性测评时,正确的测试过程应该是完整而连贯的,如果在测试时出现自主突然发力、不流畅等现象,测试结果不予记录。

动作模式评估一章中,我们已经对基本

图1-2　关节活动范围整体主动评估示意图

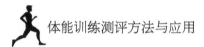

图 3-4　动力链活动范围整体被动评估示意图

动作模式评估、功能性动作筛查和选择性动作模式评估等涉及灵活性和柔韧性测评的方法进行了详细的讲解,对比本章不再赘述。

一、肌肉长度测试

测试目的

测量在静止状态下的躯干、腰、髋等关节可能达到的活动幅度,主要反映这些部位的关节、韧带和肌肉的伸展性和弹性及身体柔韧素质的发展水平。

测试仪器

肌肉长度测试仪。

步骤

首先,带领受试者熟悉测试器材,规范测试方式,并进行充分的准备活动。

接下来,采用肌肉长度测试仪测量受试者下肢屈曲和伸展的柔韧性。

图 5-6　肌肉长度测试示意图

图 7-8　用肌肉长度测试仪测量受试者下肢屈曲和伸展示意图

表 1　肌肉长度测试记录

初始活动度(厘米)		练习后活动度(厘米)	
股四头肌	腘绳肌	股四头肌	腘绳肌

二、关节活动范围测试(一)

测试目的

主要关节活动范围测量。

测试仪器

关节活动范围尺、量角器。

测试步骤

1.将固定端(与 360°环形相连的一侧)沿较重的近端的骨性参考标志进行放置,移动端沿较轻的近端骨的骨性参考标志进行放置。

2. 关节活动范围尺的旋转轴心要与关节的旋转轴相一致。

3.关节移动到活动范围的终点后,实验

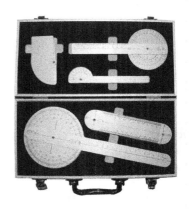

图 9　关节活动范围尺、量角器

人员用关节活动范围尺或量角器记录相应数值。

4.受试者出现突然发力、关节卡顿等现象，测试结果不予记录。

5.主要关节活动范围尺的位置如下表所示：

表2　主要关节活动范围尺的位置

主要关节	运动面	动作	旋转轴心	固定端	移动端
肩关节	矢状面	屈、伸	肩锋	胸腔	肱骨
	额状面	外展、内收	肩锋	与胸骨上端平行	肱骨
	水平面	内旋、外旋	鹰嘴	与地面垂直	尺骨外侧缘
		水平外展、内收	肩锋	与躯干垂直	肱骨长轴
肘关节	矢状面	屈、伸	肘外侧上髁	肱骨	桡骨
腕关节	矢状面	屈、伸	三角骨	尺骨	第五掌骨
	额状面	水平外展、内收	腕骨	前臂	第三掌骨
髋关节	矢状面	屈、伸	股骨大转子	躯干	股骨
	额状面	外展、内收	股骨大转子	与地面垂直	股骨
	水平面	内旋、外旋	髌骨	与地面垂直	胫骨
膝关节	矢状面	屈、伸	股骨外上髁	股骨	腓骨
	水平面	内旋、外旋	跟骨	第二跖骨	第二跖骨
踝关节	矢状面	跖屈、背屈	外踝	腓骨	第五跖骨

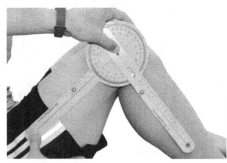

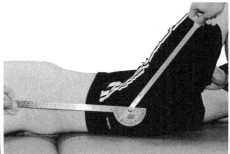

图10　膝关节活动范围测试示意图　　　图11　髋关节活动范围测试示意图

218

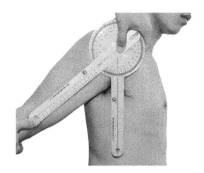

图 12　肩关节活动范围测试示意图

各关节活动范围参考值：

表 3　颈部活动范围测量表

测量 部位	运动类型	活动范围		参考值(°)
		左侧	右侧	
颈部活动度	前屈			35~45
	后伸			35~45
	侧屈			45
	旋转			60~80

表 4　腰部活动范围测量表

测量 部位	运动类型	活动范围		参考值(°)
		左侧	右侧	
腰部活动度	前屈			90
	后伸			30
	侧屈			20~30
	旋转			30

表5　肘关节活动范围测量表

测量部位	运动类型	活动范围		参考值(°)
		左侧	右侧	
肘关节活动度	前屈			135~150
	后伸			0~10
	侧屈			80~90
	旋转			80~90

表6　腕关节活动范围测量表

测量部位	运动类型	活动范围		参考值(°)
		左侧	右侧	
腕关节活动度	前屈			50~60
	后伸			50~60
	侧屈			25~30
	旋转			30~40

表7　髋关节活动范围测量表

测量部位	运动类型	活动范围		参考值(°)
		左侧	右侧	
髋关节活动度	前屈			10~15
	后伸			130~140
	外展			
	内收			
	内旋			40~50
	外旋			30~40

表8　肩部活动范围测量表

测量部位	运动类型	活动范围		参考值(°)
		左侧	右侧	
肩部活动度	前屈			150~170
	后伸			40~45
	外展上举			160~180
	内收			20~40
	水平位内旋			70~90
	水平位外旋			60~80
	贴臂位内旋			45~70
	贴臂位外旋			45~60

三、关节活动测试(二)

测试仪器

关节活动范围计。在日常活动中胸椎的伸展常伴随着腰椎小范围的旋转,脊柱中各节段如胸椎活动范围和腰椎活动范围绝对值的测量很难用关节活动卡尺进行检测,需要使用特殊的仪器对骨性标志的固定点和移动末端之间的绝对距离和角度进行测量。

关节活动范围计是一种测量与水平面或垂直面,或自定义的零度起始点形成的角度值的设备。microFET3的关节活动范围计是利用重力传感器进行角度测量的工具,度数能够精确到1°。当设备移动时,感应器将在0.1秒内调停至新的稳定位置,可以在受试者停止运动的瞬间按下按钮记录角度。这一特点使患有功能障碍的受试者在测试中更舒适,因为他们不必长时间保持在一个很难受的位置。单机可以实现简单精确地测量活动范围。测试者一手持设备,另一只手可以用于在测试过程当中帮助受试者稳定动作,为了确保消除任何不必要的动作,要在测试位置用胶布或记号笔做标记。

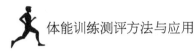

测试方法

1.受试者呈坐姿,身体直立,面向前,双眼平视前方,双臂自然下垂于躯干两侧。

2.将关节活动范围测量仪的弧形位置垂直放于患者头顶最高端,实验人员小指外侧和小鱼际的位置借出受试者头顶以固定仪器,点一次按钮。

3.使受试者在无痛情况下尽量后伸颈部直至无法后伸位置,实验人员点两次按钮,得到颈椎后伸的角度,记为 A。

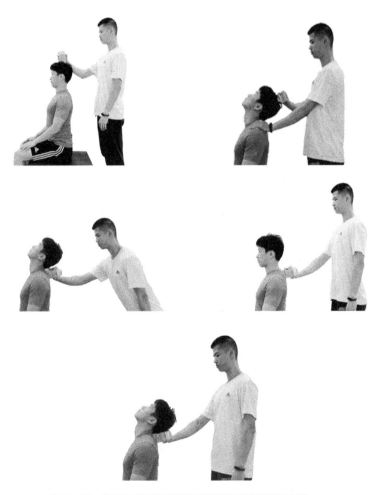

图 13-17　利用关节活动范围计测试颈部活动范围示意图

4.受试者保持后伸状态,实验人员找到受试者胸椎第一节棘突后,点一次按钮。

5.使受试者回到初始位置,双眼平视前方,点两次按钮,此时得到胸椎及以下棘突的活动范围,记为 B。

6.注意事项:受试者后伸过程中肩部维持不动,躯干避免支撑,测量过程中保持身体直立。

测试结果

第三次点击侧方红钮得到受试者起始姿势角度值 (Patient Starting Position,简称 PSP)。再一次点击将重新开始测试过程,第三次点击侧方红钮得到受试者结束姿势角度值 (Patient Finishing Position, 简称 PFP), 用 PFP 减去 PSP,就是实际的关节活动范围(ROM)。该实验中,颈椎后伸活动范围(ROM)=A－B,在相应的记录表中记下该值。

表 9　颈部活动范围测量表

测量部位	运动类型	活动范围		参考值(°)
		左侧	右侧	
颈部活动度	前屈			35~45
	后伸			35~45
	侧屈			45
	旋转			60~80

四、应用篇

在实际应用时,不同的刺激与干预方式都会对肌肉的长度产生不同的影响。在不借助仪器的情况下, 本体感觉神经肌肉促进疗法 (Proprioceptive Neuromuscular Facilitation,简称 PNF)是提升肌肉长度很好的选择。PNF 是基于肌肉牵张反射和交互抑制的原理,通过不同拉伸方式的组合刺激人体本体感受器,来激活和募集最大数量的运动肌纤维参与活动,促进主动肌与拮抗肌的交互收缩与放松,从而增强神经的兴奋、抑制的转化能力以改变肌肉的张力,并且可以有效地扩大关节活动范围。常用的操作方法有如下三种:

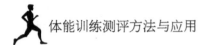
第一种是"静力—放松"模式,在第一阻力点线先静态拉伸目标肌群持续约 10 秒钟,随后让目标肌群做 6~8 秒的等长收缩,最后再次拉伸目标肌群约 30 秒。这种方案在最后的拉伸中,由于自身抑制机制被激活,肌肉的长度会有明显的增加。

第二种是"收缩—放松"模式,在第一阻力点线先静态拉伸目标肌群持续约 10 秒钟,随后施加外力,主动肌进行全范围 6~8 秒的向心收缩,尽可能大于其施加的外力,并重复动作至规定次数(一般为 6~10 次),最后再次拉伸目标肌群约 30 秒。此种主动肌的收缩方案,触发了交互抑制作用,拉伸的幅度也逐渐增加。

第三种模式是"收缩—放松",在第一阻力点线先静态拉伸目标肌群持续约 10 秒钟,随后施加外力,被牵拉者在保持目标位置不变的同时,尽可能对抗其施加的外力,保持目标肌群等长收缩,在下一阻力点在继续进行被动静力式拉伸的同时,同时主动收缩拮抗肌约 30 秒。

总之,PNF 拉伸在被动拉伸之前,通过等长收缩和向心收缩,引起自身本体感受性抑制,对于提升过分强化的肌肉的柔韧性,改善其神经协调能力较为明显。在运动实际中 PNF 拉伸的使用也较为常见,如一天两至三轮次的田径比赛中,既要消除上一轮次的疲劳,还要保持神经肌肉持续的收缩能力和兴奋性,为接下来的比赛做好准备,如果一味使用静态拉伸,虽然安全性较高,但并不能有效缓解疲劳,还有可能会降低运动表现,这时候就可以使用 PNF 拉伸方案。当然,这三种不同的拉伸模式并不是固定的,例如,网球和排球虽属触地得分的多轮、多局次的项目,但由于项目特点不同,休息与恢复方式也不尽相同,还要根据训练和比赛的环境不同进行及时调整与选择,找到内在的训练逻辑。

随着各学科交叉研究的逐渐深入,不同的刺激形式对肌肉长度的影响也日渐显露,教练员、运动员和科研人员都在寻找提高神经兴奋性的同时增加肌肉长度的最佳方案。无论是在健身房,还是专业训练场地,振动平台是目前较为常见和普及的训练器材。振动的理念最初来源于电生理学上的振动性张力反射(Tonic vibration reflex),是对肌肉和肌腱进行局部振动刺激所引起的不随意肌肉的反射性收缩。研究发现,振动刺激能同时激活腱器,它的兴奋能加强伸肌的活性,在主动肌和协同肌迅速有力地收缩的同时,腱器的兴奋能使对抗肌及时而有力地放松,提高肌肉收缩的效率。这种训练方式的最大特点是通过提供及利用不稳定的运动环境,对肌肉给予一定频率和幅度的扰动刺激,以达到促进肌力、爆发力、神经肌肉的协调能力及平衡训练的效果。

目前,已有的一些研究成果表明,振动训练可以对神经肌肉能力具有急性和长期效应。国外学者利用肌电图对振动刺激时神经冲动的变化进行研究,发现在适宜的振动频率下,神经冲动的发放频率加快,同步性增强。在振动性张力反射现象的基础上,国外学者开始将振动刺激应用于运动员的力量训练,并取得了良好的效果。

为探究不同频率振动对下肢肌肉长度的即时影响,可带领受试者熟悉测试器材、规范测试方式,并进行充分的准备活动。受试者熟悉器材、进行充分的准备活动后,分别接受30Hz 和 45Hz 的全身振动训练,振幅2mm,膝关节角度150°,脚跟微抬,每个频率各训练 2 分钟,频率间休息30 秒。于每次训练前和训练后即刻测量受试者下肢屈曲和伸展的柔韧性。训练前后各测 2 次,如 2 次数值相差在 0.5 厘米之内,取最好成绩。通过观察不同频率下短时振动训练对普通人群下肢柔韧性的影响,了解作为准备活动的短时振动训练对人体下肢柔韧性的作用,并分析振动频率与训练效果的关系,更好地将振动训练应用于实践。

图 18 振动训练示意图

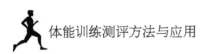

表 10   振动训练活动度记录表

振动频率	初始活动度(厘米)		振动后活动度(厘米)	
	股四头肌	腘绳肌	股四头肌	腘绳肌
30Hz				
45Hz				

参考文献

1.国家体育总局.国民体质测定标准手册(成年人部分)[M].北京:人民体育出版社,2003.

2.American College of Sports Medicine,Barbara A. Bushman. ACSM′s Complete Guide to Fitness & Health[M].Human Kinetics,Inc.:2017.

3.Pescatello L.S.ACSM 运动测试与运动处方指南(第九版)[M].王玉珍,主译.北京:人民卫生出版社,2015.

4.Riebe D.ACSM′s Guidelines for Exercise Testing and Prescription(10th)[M].Philadelphia(PA):Wdters Kluwer,2016:118

5.冯连世,冯美云,冯炜权.优秀运动员身体机能评定方法[M],北京:人民体育出版社,2003.

6.冯连世.优秀运动员身体机能评定的方法及存在问题[J].体育研,2003,24(3):49–54.

7.National Strength and Conditioning Association,G.Gregory Haff,N.Travis Triplett.Essentials of Strength Training and Conditioning(4th)肌力与体能训练(第四版)[M].林贵福,主译.台北:禾枫书局,2017.08

8.G.Gregory Haff,N.Travis Triplett.Essentials of Strength Training and Conditioning, 4th Edition[J]. Medicine & Science in Sports & Exercise, 2016, 48(10): 2073.

9.鲍春雨.功能性体能训练[M],北京:北京体育大学出版社,2017.

10.Michael Boyle. New Functional Training for Sports 2nd Edition[M].Human Kinetics:2016

11.菲儿.佩治(美),克莱尔 C.弗兰克(美),罗伯特.拉德纳(美).肌肉失衡的评估与治疗[M].焦颖,主译.北京:人民体育出版社,2016.

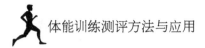

12.Phillip Page,Clare C. Frank,Robert Lardner,Clare Frank. Assessment and Treatment of Muscle Imbalance:The Janda Approach [M].Human Kinetics, Inc.: 2009

13.Executive summary of the clinical guidelines on the identification, evaluation, and treatment of overweight and obesity in adults [J].Arch Intern Med. 1998;158:1855–67.

14.骆意.优秀女子竞技体操运动员身体质量指数与运动成绩的关系研究 [J].安徽体育科技, 2013(02):52–55.

15.邓沛玲,陈爱萍,肖国强,等.世界优秀花泳运动员身体形态特征研究[J]. 体育科学, 1999,000(001):45–48.

16.肖晓玲,黄文英,吴韬,余春莲,徐春玲.世界优秀女子跳水运动员年龄、身体形态和竞技能力表现特征研究[A].中国体育科学学会.2013 年全国竞技体育科学论文报告会论文摘要集[C].中国体育科学学会:中国体育科学学会, 2013:2.

17.胡安·卡洛斯·桑塔纳(美).功能性训练:提升运动表现的动作练习和方案设计[M].王雄,袁守龙译.北京:人民邮电出版社,2017.

18.Cook G ,Burton L , Kiesel K . Movement: Functional Movement Systems: Screening, Assessment,and Corrective Strategies [M] Movement:functional movement systems: screening,assessment and corrective strategies.On Target, 2012.

19. Gray Cook.Athletic Body in Balance [M].Human Kinetics,Inc.:2005–09–01.

20.Armstrong Ross, Greig Matt.The Functional Movement Screen and modified Star Excursion Balance Test as predictors of T–test agility performance in university rugby union and netball players. [J].Physical therapy in sport:official journal of the Association of Chartered Physiotherapists in Sports Medicine, 2018,31.

21. Paul P.Gorman,Robert J.Butler,Phillip J.Plisky,Kyle B.Kiesel.Upper Quarter Y Balance Test:Reliability and Performance Comparison Between Genders in Active Adults [J].Journal of Strength and Conditioning Research,2012,26

(11).

22.Iverson G L,Kaarto M L,Koehle M S.Normative data for the balance error scoring system:implications for brain injury evaluations. [J].Brain injury:BI, 2008,22(2):147–152.

23.屈萍.星形偏移平衡测试在评价优秀蹼泳运动员核心训练效果中的应用[J].武汉体育学院学报.2011,45(09):74–78.

24.David H. Fukuda.Assessments for Sport and Athletic Performance[M].Human Kinetics,Inc.:2019.

25.Chu,DA.Assessment.In Explosive Power and Strength:Complex Training for Maximum Results.Champaign,IL: Human Kinetics,1996.

26.Cornell D J,Gnacinski S L,Langford M H,et al.Backwards overhead medicine ball throw and countermovement jump performance among firefighter candidates[J].Journal of Trainology,2015,4(1):11–14.

27. Dobbs C W,Gill N D,Smart D J,et al.Relationship between vertical and horizontal jump variables and muscular performance in athletes. [J].Journal of Strength & Conditioning Research,2015,29(3):661–671.

28.Dobbs Caleb W,Gill Nicholas D,Smart Daniel J,McGuigan Michael R. Relationship between vertical and horizontal jump variables and muscular performance in athletes.[J].Journal of strength and conditioning research,2015,29(3).

29.Trent W.Lawton,John B.Cronin,Michael R.McGuigan.Strength,Power,and Muscular Endurance Exercise and Elite Rowing Ergometer Performance[J].Journal of Strength and Conditioning Research,2013,27(7).

30.Ikeda Yusuke,Kijima Kota,Kawabata Koichi,Fuchimoto Takafumi,Ito = Akira. Relationship between side medicine–ball throw performance and physical ability for male and female athletes.[J].European journal of applied physiology, 2007,99(1).

31.Loturco Irineu,Pereira Lucas A,Cal Abad Cesar C,D?Angelo Ricardo A, Fernandes Victor,Kitamura Katia,Kobal Ronaldo,Nakamura Fabio Y.Vertical and Horizontal Jump Tests Are Strongly Associated With Competitive Performance in

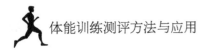

100-m Dash Events.[J]. Journal of strength and conditioning research,2015,29(7).

32.American College of Sports Medicine. Health -related physical fitness testing and interpretation.In ACSM's Guidelines for Exercise Testing and Prescription.9th ed.Pescatello,LS,Arena,R,Riebe,D,Thompson,PD,eds.Philadelphia: Wolters Kluwer/Lippincott Williams & Wilkins Health,60-113,2014.

33.Brzycki,Matt.Strength Testing—Predicting a One-Rep Max from Reps-to -Fatigue [J]. JOPERD --The Journal of Physical Education, Recreation & Dance, 1993,64(1):88-90.

34.Kim P S,Mayhew J L,Peterson D F.A modified YMCA bench press test as a predictor of 1 repetition maximum bench press strength[J].Journal of Strength & Conditioning Research,2002,16(3):440.

35.Reynolds J M ,Gordon T J,Robergs R A.Prediction of one repetition maximum strength from multiple repetition maximum testing and anthropometry.[J]. Journal of Strength & Conditioning Research,2006,20(3):584-592.

36.NSCA National Strength & Conditioning Association,Todd A.Miller. NSCA's Guide to Tests and Assessments[M].Human Kinetics,Inc.:2013.

37.Michaelr R.Mcguigan.Eccentric Utilization Ratio:Effect of Sport and Phase of Training [J].Journal of Strength and Conditioning Research,2006,20(4), 992‐995

38.王瑞元,苏全生.运动生理学[M].北京:人民体育出版社,2012.

39.Anthropometry Increases 1 Repetition Maximum Predictive Ability of NFL-225 Test for Division IA College Football Players[J] . Ronald K Hetzler,Brian L Schroeder,Jennifer J Wages,Christopher D Stickley,Iris F Kimura.Journal of Strength and Conditioning Research.2010(6).

40.杨锡让.用心率推测最大摄氧量的几种方法介绍[J].北京体育大学学报, 1985,(4):46-52.

41.全国体育学院教材委员会.体育测量评价[M].北京:人民体育出版社, 2008.

42.李建华,王健.表面肌电图诊断技术临床应用[M].浙江:浙江大学出版社,

2015.

43.国家体育运动委员会群体司.《国家体育锻炼标准》手册[M].人民体育出版社,2020.

44.Cooper K H . A Means of Assessing Maximal Oxygen Intake [J]. JAMA: The Journal of the American Medical Association,1968,203(3):201-204.

45.Impellizzeri F M,Rampinini E,Castagna C ,et al. Effect of plyometric training on sand versus grass on muscle soreness and jumping and sprinting ability in soccer players.[J].British Journal of Sports Medicine,2008,42(1):42.

46.Mcguigan M R,Doyle T,Newton M,et al.Eccentric Utilization Ratio:Effect of Sport and Phase of Training [J].Journal of Strength & Conditioning Research, 2006,20(4):992-995.

47.Cox R.Oxford Dictionary of Sports Science and Medicine (3rd edition)[J]. Reference Reviews,2007.

48.Stolberg,M,Sharp,A,Comtois, AS, Lloyd,RS,Oliver,JL,and Cronin,J.Triple and quintuple hops:Utility,reliability,asymmetry,and relationship to performance. Strength Cond J 38:18-25, 2016.

49.NASM Essentials of Corrective Exercise Training,National Academy of Sports Medicine(NASM)[M],Jones & Bartlett,LLC.2014.

50.Clark MA,Lucett SC,Corn RJ.NASM Essentials of personal Fitness Training.3rd ed[M].Baltimore,MD:Lippincott Williams & Wilkins:2008.